超级增长术

轻松拓展新业务

亚历克斯·戈德凡（Alex Goldfayn）著
诸葛雯 译

The Revenue Growth Habit

The Simple Art of Growing Your Business by 15% in 15 Minutes a Day

中国人民大学出版社
·北京·

图书在版编目（CIP）数据

超级增长术 / 亚历克斯 · 戈德凡著；诸葛雯译 . -- 北京：中国人民大学出版社，2020.7
ISBN 978-7-300-28127-8

Ⅰ. ①超… Ⅱ. ①亚… ②诸… Ⅲ. ①企业管理 Ⅳ. ① F272

中国版本图书馆 CIP 数据核字（2020）第 085005 号

超级增长术
——轻松拓展新业务
亚历克斯·戈德凡　著
诸葛雯　译
Chaoji Zengzhangshu——Qingsong Tuozhan Xinyewu

出版发行	中国人民大学出版社		
社　　址	北京中关村大街 31 号	**邮政编码**	100080
电　　话	010－62511242（总编室）		010－62511770（质管部）
	010－82501766（邮购部）		010－62514148（门市部）
	010－62515195（发行公司）		010－62515275（盗版举报）
网　　址	http://www.crup.com.cn		
经　　销	新华书店		
印　　刷	北京联兴盛业印刷股份有限公司		
规　　格	148mm×210mm　32 开本	**版　　次**	2020 年 7 月第 1 版
印　　张	8.375 插页 2	**印　　次**	2020 年 7 月第 1 次印刷
字　　数	158 000	**定　　价**	52.00 元

前言

你的公司应该可以赚得更多

你的公司应该可以赚得更多。

你的产品或服务可以为客户创造巨大的价值。

如果询问客户，他们会告诉你，你使他们的生活变得更加便捷。你替他们节省了时间。你让他们在他们的客户以及老板面前表现出色——如果他们受雇于人的话。他们视你为合作伙伴，而非供应商。他们信任你。他们重视你。你帮助了他们。

他们应该拥有你的公司所提供的更多的服务。（事实上，如果有机会了解你的公司的其他产品、产品线、可选项目以及服务，他们的确会购买更多。）你的现有客户应该从你所提供的价值中获益，而你也应该因此步入顶级收入人群之列。

而且，你的潜在客户——那些尚未购买产品的人也应通过你提供的价值获益。为什么不让他们享有你所提供的巨大价值呢？

你拜访现有客户与潜在客户，并不是在打扰他们，不是把服务硬塞给他们，不是在浪费他们的时间，也不是在与他们做生意。你是在帮助他们。如果我们存在的意义就是帮助别人，你就应该给自己的现有客户与潜在客户一个享有你提供的价值并因此受益的机会。他们应该获得这样的机会，而你也应该获得由此带来的收入。

你知道还有谁应该拥有你所创造的更多财富吗？

你的家人。他们应该享受你用辛勤工作换取的各项福利。没错，他们也应该拥有金钱能够买到的东西——温馨的家、假期以及优质的学校（毕竟，多数人工作的目的就是照顾好家人。）

你的同事与员工。他们应该为一家蓬勃发展的企业工作。

你的供应商。即便时局艰难，他们依旧是你坚实的靠山。

当然，还有你自己。你值得拥有更高的收入。你工作勤勉，一面承担着风险，一面又为客户创造了大量价值，你理应得到更高的收入。

你也许会说：我现在干得不错呀！

我认为你可以做得更好。你的面前有一些低垂在枝头、唾手可得的果实，现在，我会帮助你摘下这些果实。

你可能会想：没那么容易吧？

实现收入增长其实十分简单：你可以快速、便捷地实现这一点，同时无须任何投资。一个获得业界普遍认可的所谓的事实（其实是最愚蠢的一种看法）就是只有钱才能生钱。人们喜欢说，实现收入增长的过程极为复杂，而且需要投入大量的时间。这些看法并不正确。我会在这本书中向你传授如何每天用不超过15 分钟的时间，在不花费一分钱的情况下，帮助公司将业务至少再增长 15%。为了实现收入增长，你每天都需要作出一些努力，有时候只要 60 秒，有时候是 5 分钟，但是永远都不会超过 15 分钟。

你用好办法为客户提供帮助，他们也愿意从你这里购买更多的产品或服务。

而你同样值得得到由此带来的收益与所有体验、改善，为你的家人带来的心灵上的平静。

目录

目 录

第一部分

简单的
收入增长流程

01 收入增长法简单、快捷、零投入

现在，我坐在自己家中经营着一家收入达到七位数的咨询公司。我的事业极其成功。像我这种手下没有任何雇员的个体户很少能够做到这种水平。

然而以前，我曾在每天睡觉的时候祈祷自己能够养活家人。说到祷告，我还真不知道自己到底做了些什么。那时我刚刚转换了公司的商业模式，正在学习如何提供咨询。一连几个月，我的口袋里连一个子儿都没有。那段痛苦、焦虑的时期深深印在我的脑海中。坦率地说，我最害怕的事情成了真。我告诉自己，只要事情出现转机就再也不让自己陷入这样的境况。

随后我开始培养收入增长习惯——转变心态、快速行动，这些都是本书将要讲述的内容。书中所罗列的技巧是我为自己的客户设计的。这些技巧帮助我走出困境，迈向成功。

在收入增长习惯的帮助下，我的公司很快便扭亏为盈，蓬勃发展。我再也不用担心钱的问题，因为我知道，只要借助书中所列的各项技巧就能增加收入。它们就像变阻器那样，可以按需上下调节。

我的几十家公司客户在使用了这些方法后，第一年的业务增长就达到了10%～20%。最近一位客户告诉我，与我合作之后，他的净利润增长了100%。此外，仅仅依靠书中的部分技巧，成千上万名听过我演讲的观众也都成功养成了他们自己的收入增长习惯。

我可不是为了自夸才与你分享这些的。我想让你知道，这些技巧并非空谈，它们不只是纸上的概念与讲稿中的理论。我在书中教给你的技巧已经帮助数千家企业获得了长足的发展。多年来，收入增长习惯已在世界各地创造了数亿美元收入。

最棒的一点是什么呢？我的方法操作起来简便可行，你根本不用多花一分钱就能实现销售额的增长。坚持每天实践15分钟，你就能像本书所说的那样，至少增加15%的收入，而你唯一的投资就是付出一些努力。我会告诉你应该怎么做。如果你能够每天都留出15分钟的时间，我就会教你如何大幅提升公司的业绩。

本书的目标读者

尽管我的直接客户几乎都是市值在500万～20亿美元的封闭型控股公司的老板，但是本书适合任何有意提升销售业绩的人阅读：企业主、首席执行官、总裁、副总裁、总经理、销售人员、市场营销人员以及客服专员。谁可以从书中受益？所有需要直接与客户交流的人。贵公司有送货司机吗？他们需要与客户打交道，可以采用书中的一两个技巧来帮助公司进一步发展。如果你是企业主，那就请你与自己的团队分享这些原则。不论采取何种形式，只要你需要与客户进行沟通——面对面交谈、电话沟通，哪怕仅仅发送电子邮件——就能在书中找到很多可以有效地大幅提升公司销售业绩的方法。

今天：忙着被动地解决客户的问题

我了解你，也理解你。

你是企业主、执行官、经理或是销售部、客服中心、营销部的一线工作人员。

你极其忙碌。你整天都在处理客户关心的问题与客户投诉。

“我的订单没有按时送到。它现在到哪儿了？！”

“都被你搞砸了。快把一切变回原来的样子！”

“开玩笑？！这价格高得离谱！”

满意的客户根本不会给你打电话。不会有人打电话来说，“嘿，你干得不错。真的很感激你。”只有当他们觉得不对劲的时候，才会拨通我们的电话。他们带着满腔怒火而来，呼啦一下把火气喷向我们，而我们不得不立即将大火扑灭，不然我们的眉毛就会被烧焦。怒火扑灭之后会发生什么呢？又来了一位。“我火气大着呢，小心点！”

于是，你一整天都在一件接一件地处理这样的紧急事件。幸运的话，你能挤出点时间在办公桌或是车上扒拉两口午饭，可是大半天下来，它也许早就被客户的怒火烤焦了。

你的工作很被动，而实施收入增长法是一项积极主动的工作。

我们必须挤出时间来完成这件事。

好消息就是：实现收入增长并不需要你每天都耗费几个小时，哪怕一小时。

每天不超过 15 分钟，公司可以拓展至少 15%的业务。

你能留出 15 分钟时间吗？

我可以。我的客户，那些市值达到七位、八位、九位甚至十位数的公司老板们也可以。

你呢？

明天：每天最多 15 分钟，实现销售主动增长

如果你已经读到这里，那么我就假设你决定每天投入 90 秒或是 3 分钟，但绝不超过 15 分钟的时间来发展你的公司。

我们将利用这段时间积极主动地工作，向那些有可能购买公司产品或服务的人展示公司的价值。（顺便说一下，这就是我对于市场营销的定义。很简单，对吧？我将在第 7 章对这一定义进行更加详细的介绍）。

我希望你每天都能采取一项快速、主动的行动去告诉某个人，你的服务将为他带来多大的改善。

你可以选择本书第三部分所列的 22 种技巧中的任意一种。

所有技巧都能迅速实践，因为收入增长法不需要大量时间。

这些技巧不会花费你一分一毫，因为收入增长法没有成本。

它们很简单，因为最简单的解决方案几乎总是正确的，而我即将教给你的工具极易操作。

你需要努力练习这些技巧，因为个人沟通正在重走黑莓手机的老路。个人沟通可以帮助你脱颖而出。

这些技巧都属于沟通行为。它们要求你将价值传递给潜在客户。例如，我会教你如何请客户为你撰写推荐信，不过更重要的是，你将学会如何利用这些推荐信来拓展业务。我将教你如何撰写具有影响力的案例分析，不过更重要的是，我要让你知道传播该案例分析的最佳途径。我也会教你如何让那些专职接听电话的客服人员告知现有客户，他们还能从你们公司购买什么样的产品或服务。

我这套方法的核心就是借客户之口，立企业之碑。无论你如何赞美自己的产品与服务，都不及客户的一句话来得有效。因此，我们会在此类能够实现收入增长的技巧中引用客户所说的话。我们将讲述他们的故事，因为一旦他们成为这种方法中的一部分，就会应允我们这样做。我们将阐明他们在与你合作之后取得了怎样的进步。我们允许他们将你与你的竞争对手进行比较。做完这一切之后，你的潜在客户就会想："我也想要实现那样的效果！怎样才能获得那样的价值呢？"

我们不会使用社交媒体这种工具，因为它无法增加你的收入，尤其是身处 B2B 市场的公司的收入。请听我细细道来：只要你愿意，你当然可以通过社交媒体进行宣传，但是你要明白，社交媒体无法帮助你拓展业务。在脸书、推特甚至领英上举办活动而获得的收益纯属意外收获。决策者不会在做出重要的哪怕是次要的商业投资决策时参考社交媒体。那么，他们会参考什么呢？

参考与他们地位相当的人的意见，参考同事的意见，参考行业贸易展与出版物。我们需要将此类信息展现在决策者面前。我们会将你的客户——与他们地位相当的人——在情感上对公司的认可度直接展现在他们面前。

我不在乎你到底使用了何种技巧。

我也不在乎你会在每天的什么时段采取行动。

我只在乎你能否做到每天都告诉一位现有客户，你还能为他提供怎样的服务以及他将因此获得的改善。或者，你也许会告诉潜在客户，你可以通过何种卓越的方法来帮助他。你可以每天与一个人沟通，或是通过电子邮件联系 1 000 个人。

方法没有对错之分。

只要你完成了此类工作，只要你将技巧付诸实践，就不可能把事情搞砸。

一切始于心态

我们将在第二部分讨论如何通过转变心态来快速增加收入。

心态对于营销和销售的影响几乎无可匹敌。你必须信任那些对企业而言有益的事情。也就是说，你必须专注于客户可以通过你的产品与服务获得的改善，而不是这些产品与服务本身。后者只是一种商品——人们可以从任何人手中买到它们。前者却是独一无二的资源：你的价值、人际关系以及值得信赖的声誉——客户只能通过你获得这些资源。你的竞争对手根本无法接触到它们。这会令你脱颖而出。如果单就产品与服务侃侃而谈，那么你与其他人并没有什么不同：无聊至极、毫无情感，而且表现出一副公事公办的模样。和客户聊一聊你的价值（我基本上在每个咨询项目中都会询问客户，为什么喜欢与你一起工作，他们给出的答案往往就是你的价值），这样你就能将别人远远甩在身后。

我们在他人面前展示的是我们对自己的看法。如果我们相信自己销售的是产品与服务，那么产品与服务就会成为我们与客户沟通的话题。如果我们相信自己可以帮助客户提升生活品质，改善企业业绩——这正是我们所做的事——我们就会着重讨论这些内容。因此，在实现收入增长之前，在养成那些可以将我们带入顶级收入圈的习惯之前，我们必须转变思想，将重点从产品与服务本身转移到客户可以因此获得的改进上。

你的员工与同事也许已经备受打击。客户只有在不满意或是遇到问题时才会拨打公司的电话，因此，你的同事与员工可能整天都在处理负反馈。可事实是，只要问问客户的感受，他们就会告诉你，他们很乐意与你做生意。这就是多年来，甚至几十年来他们一直与你合作的原因。他们的面前有很多选择，你的竞争对手一直在拜访他们，但是他们仍然选择了你的公司。我将教你如何引导客户表达出积极的看法与感受。我将教你如何利用这些正能量，使员工与客户在对公司工作的认知上保持一致。正如最近一位客户告诉我的，或许最重要的一点就是，实现收入增长是一种积极的努力。

准备好了吗？

这项工作简单快捷而且不需要你掏腰包。你自己就能运用书中所介绍的各种技巧。你可以在本书的指导下，在公司内部践行收入增长习惯。（如果你打算听取外部专家的意见并在企业中引入问责制，我很乐意与你一起为你的公司创造更多财富。）

具有讽刺意味的是，若要实现收入增长，数量比质量更为重要。现有客户与潜在客户接触到的信息越多，就越有可能购买更多产品。这些信息未必非得夺人眼球不可，只要能够帮到他们就好。有效的帮助胜过一切。有效的帮助是一种稀缺商品。关键是确保人们能够经常收到你的信息，而不是信息本身有多完美。

最后，不要等到信息完美无瑕了才去进行沟通，因为它永远也不可能尽善尽美。我们需要在保证信息足够优质而不是没有丝毫瑕疵时就传递出去。完美会拖住我们的脚步，使我们过度思虑，最终造成拖延。对于中小企业的发展而言，快速、反复的系统性沟通必不可少。

紧跟本书的节奏，等读完最后一页的时候，再花 15 分钟或 90 秒来完成第三部分中的一项技巧。如果怀有这种想法，你现在就可以采取行动了。一个行动能够引发更多的行动。利用物理学原理，培养收入增长习惯。

准备好了吗？

那就让我们开始吧！

本章小结

■ 本书适合中小型公司的所有者、总裁与领导阅读，也适用于公司的销售人员、客服人员以及其他需要与客户打交道的员工。

■ 今天忙着解决客户提出的问题，明天又要着手处理紧急事件，也许就是你现在的状态。

■ 收入增长法需要积极主动的行动。我们必须为此付出时间。

02 读完本书后你能制定出这样的增长计划

收入增长习惯能够帮助你扩大业务，因为一旦养成这种习惯，贵公司在现有客户与潜在客户面前的曝光率将远高于现在。

一旦收入增长习惯充分发挥作用，你就拥有了两条同时发挥作用的并行沟通渠道。

一对一的沟通渠道

一对一的沟通渠道（one-on-one communications track）通常用于销售人员、客服人员以及高管与现有客户及潜在客户之间的沟通，包括面谈、电话、电子邮件、信函以及任何你所能想到的方式，旨在将你的价值传递给有望购买该价值的人。

公司对多的沟通渠道

商学院将公司对多的沟通渠道（company-to-many communications track）称为直销（direct marketing）。首先，你需要准备一长串客户名单，定期向他们发送能够证明你具有惊人价值的业务通讯。一份客户名单以及一份价值极高的业务通讯就是一个良好的开端。之后，再加入其他因素，例如发送客户感言及案例分析、发布白皮书或是召开网络研讨会与实时会议等。在理想状态下，这一过程应由负责监管执行过程的营销主管来管理。

图 2-1 展示了这两种沟通渠道的运作模式。

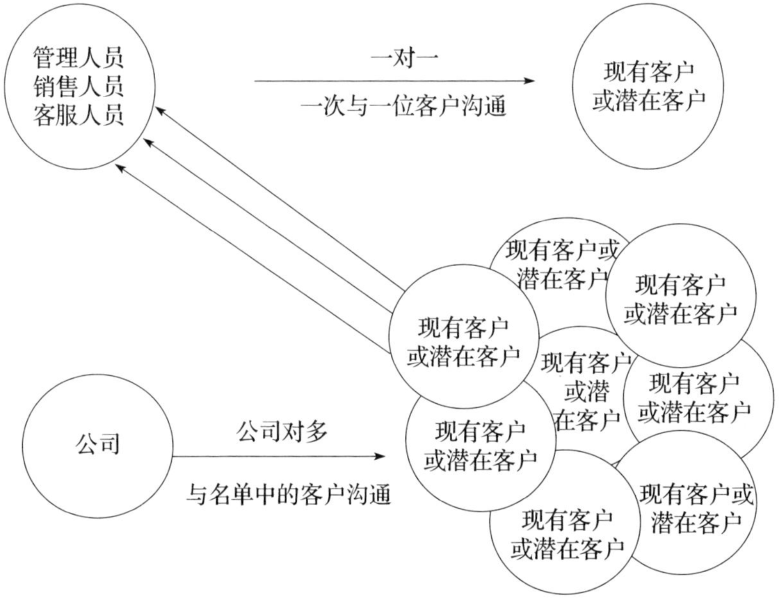

图 2-1　收入增长习惯由两种并行的沟通渠道构成

位于图中顶部接受一对一沟通的现有客户或潜在客户同样也出现在底部的客户名单中。因此，一旦开始实施收入增长技巧，与现在相比，现有客户与潜在客户从你这里接收到的信息数量将呈指数级增长。

图中的斜箭头就是我所说的“举手”（hand-raising），即名单中接受公司对多营销的人都会举手示意销售人员，“我感兴趣，请你详细介绍一下吧”。

我在下面列出了采用这种方式时的几个关键点。

你不是在销售，而是在营销

在这些沟通中，你并不是在投售（pitching）、推销（pushing）、销售（selling）或是交易（closing）。相反，你是在告诉人们，在购买了你的服务（或是增加购买量）之后，他们的业绩将获得怎样的提升。不论采用哪一种沟通方式，你都在对别人施以援手。这一点非常重要。你是在提供价值。你的目标是让受众觉得，“如果他们在业务通讯方面如此帮我而分文不取，不难想象，与他们合作能为我带来些什么。”

每天只需快速完成一项任务

这项简单的计划的关键就是你与同事每天花上 90 秒或 15 分钟进行一次客户沟通。这是业务增长所必需的积极主动的工作。只需这一项行动，你今天便已进行了营销。随后，你只需继续完成当天的日常被动反应式工作就行了。与此同时，这些现有客户或潜在客户还能通过公司对多的沟通渠道收到公司推送的信息。

让客户自己开口

如果你自己夸奖你的公司十分优秀，我会觉得你不过是为了向我推销。但是如果你的客户告诉我，你的公司很棒，我就不会费口舌与他争辩。人们不会对那些乐意将自己满意的东西与人分享的客户存有抵触情绪。这是事实。因此，我们必须利用客户感言与案例来讲述我们自己的故事。

一致性很关键

你必须让人觉得你值得信赖。与其每年只发送五份月度业务通讯，还不如一份都不发。前者造成的伤害远胜后者：这会令你失去来之不易的市场信任。

如你所见，这种方法要求你有计划、迅速、持续地与可能会购买服务的人进行沟通。如果你有 10 名销售人员及客服人员，就可以每天进行至少 10 次一对一沟通，每月达到 200 次，每年达到 2 400 次。如果只有半数员工执行了这一计划，你仍进行了 1 000 多次沟通，也许你现在并未做这些沟通。我还没有算上通过公司对多的渠道与名单上的客户所进行的沟通。这就是为何我会说，一旦养成收入增长习惯，企业想不拓展业务都难。

本章小结

- 你的收入增长习惯包括两条并行的沟通渠道——一对一与公司对多。
- 一对一的沟通渠道指每次与一位现有客户或潜在客户进行私人沟通。

■ 公司对多的沟通渠道指以现有客户和潜在客户名单为基础，通过业务通讯等形式与名单上的所有客户进行沟通。

■ 每天采用任意一种渠道进行一次沟通就能够显著拓展业务。

03 弄清你究竟为了什么而工作

想要实现收入增长，中小企业的领导者自身必须实现一定程度的个人成长。两者之间紧密相连。

最重要的第一步就是了解我们为何要工作、为谁工作以及在工作时明确地意识到这一点。

我先来谈谈我工作的理由，或许能帮助你找到（或是记起、创建）你自己的理由。

我出生在乌克兰，当时它仍是苏联的一部分。我们生活在利沃夫，与波兰接壤的一座乌克兰西部城市。

我的家人住在一幢 400 平方英尺的公房中，当时乌克兰的所有公寓都属于政府所有。我们一家六口：我、爸爸妈妈、爷爷奶奶以及我的曾祖母。公寓只有两个房间，每天晚上，我的祖父母都窝在客厅的那张折叠沙发上睡觉。

20 世纪 70 年代末，当时 25 岁的爸爸决定移民美国，他也是家中唯一想要离开那里的人。我的祖父母已经退休，他们不愿离开自己这辈子唯一了解的国家。我的妈妈害怕离开，因为她看过《教父》等电影，认为美国人都像电影中所演的那样。那时，没有互联网可以帮助我们选择究竟应该在哪一座城市定居。没有留言板，没有经验分享，也没有在线广告。

但是，我的爸爸揣着23美元现金，拖家带口来到美国。那一年，我只有两岁。

前一段，我与父母回到利沃夫去看那幢小小的公寓。住在里面的人等着我们，他们已经知道我们会来。我们进了门，发现屋里住了八个人。我难以想象自己成年后继续住在这里的情形。

这里的环境不适合创业。

普通公民每月只有几百美元的收入，大部分收入来自政府的援助。

这次乌克兰之行成了我人生中具有决定意义的一刻。

它让我明白了一些事情。

我为了我的爸爸而工作。

我在商场打拼多年，因为在美国，要想获得成功就必须奋斗。

由于这些努力以及不断学习与发展，我现在经营着一家年收入达到七位数的成功企业，帮助我的客户迅速显著地增加营收。如果我的爸爸没有创造条件，又怎么会有今天的我？

我在美国长大，上大学，在这里遇见了我出色的妻子。（她生长在一个纯美式家庭，有波兰、意大利、英国以及瑞典血统。）我为了她而工作。曾有一段时期，她比我自己还要相信我的能力。她比其他任何人都值得分享我的成功。她理应分享我的收入增长。

我是一位非常自豪的父亲，那对年幼的龙凤胎儿女每时每刻都能为我带来巨大的喜悦与快乐。我为了他们而工作，我为了他们而奋斗。这是我应该给予他们的。

你们知道我还为了谁而工作吗？现在住在乌克兰那间公寓里的家庭。他们未能成为创业者与冒险者。我在成长过程中所享受的一切他们都未曾体会过。

也许，你从我的故事中能够收获的最大经验就是：你能够取得多大的成功，得到多高的收入，仅仅由你的努力和毅力决定。

那么，你为了谁而工作？

弄清这个问题十分重要。

这很重要，因为它可以帮助你早上愉快地醒来，即便你一整天都必须应付自己不愿处理的事情，也依然能够精力充沛、幸福满满地蹦下床。

一旦你弄清了自己为何而工作，就会毫不犹豫地拿起电话。

你不会觉得自己是在强行占用潜在客户的时间。

你绝不会再拖拖拉拉。

你会大胆果断地完成自己的工作，因为你知道自己正在为了谁而工作。

你为了谁而工作？你为了谁而冒险？

你为了谁而奋斗？

想想属于你的故事和旅程。

那些关键人物都是谁？谁值得分享你的成功？

你为了谁而工作?

本章小结

弄清我们为了谁而工作以及为何而工作，能使我们的沟通与收入增长变得更加容易，更有目的性。

第二部分

收入增长的思维模式

04 思维模式是最强的营销手段

正如我们在第一部分中所讨论的，你对于业务的看法与理解会对它的发展产生巨大影响。

分析一下图 4-1 中的内容。

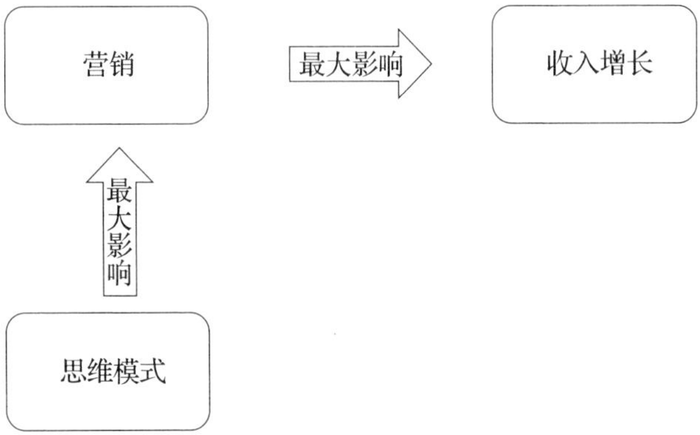

图 4-1　思维模式是最强的营销手段

看看图 4-1 左上角，只有营销——你向市场传递的与公司有关的信息——会对收入增长产生最大的影响。也就是说，没有什么能像营销那样迅速、便捷、有效地拓展业务，即便是销售也做不到。

营销之所以比销售更有效，是因为销售是一种一对一的行为。我们已经在第 2 章了解到，营销既能采取一对一的形式，也可以采取公司对多的形式。营销可以敲开销售关闭的大门。说得明确一些：我绝不是建议你减少销售上的投入。业务的发展需要我们扩大销量。营销可以催化销量的增长。营销活动越多，销售的机会就越多。

让我们回到图 4-1：如果对于业务增长影响最大的是营销，那么最能影响营销的则是你的心态。我反复提到，你的想法就是你营销的方式。如果你认为自己是在帮助他人发展企业，你就会这样进行营销。如果你觉得你是在销售具体的产品及其（吸引人的）规格，这些内容就会成为你营销的重点。前者比后者更有效、更引人注目、更令人难忘，也更加有趣。

图 4-2 提供了另一种思考方式。

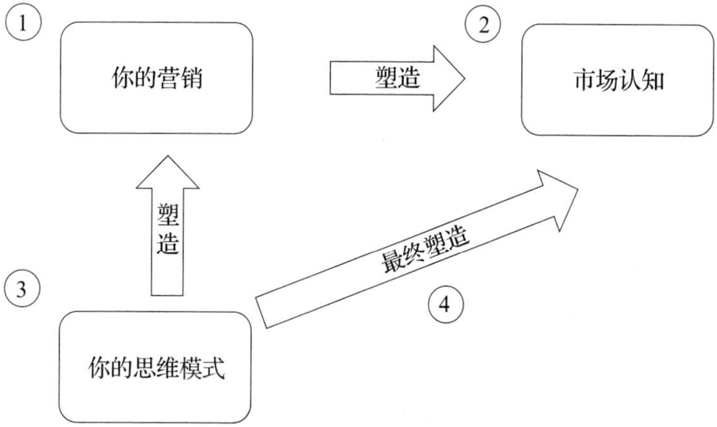

图 4-2　认知的转移

先看图 4-2 的上部：最重要的是，你的营销塑造了市场对于企业、产品和服务的认知。也就是说，你所传递的有关公司的信息塑造了人们对它的认知。而且，你对公司、产品和服务的认知最终塑造了你的营销。如此说来，营销无非是将你的认知转移到市场而已。

这就是这本以收入增长为主题的书强调思维模式的原因。你对价值的认知不仅塑造了你的个人行为，也塑造了你的市场行为。如果你觉得自己的价值在于产品和服务，你就会对这些内容进行营销，市场就会相应地将你视作一种商品。你的现有客户和潜在客户就会比价，就会压价。这是因为，一旦他们将你视作一种商品，你所有的竞争就全都落到价格上。你的信誉与过去的交易将无法发挥作用，因为你只是一件商品。对于商品而言，这些东西并不重要。因为你将重点放在你所销售的物品上并对它们进行营销，你的客户就会认为，你只是这些物品的卖家而已。这些东西通常都是商品。

相反，如果你从价值的角度，从你为了替客户节省时间而采取各种方法的角度来看待自己的工作；你帮助客户赚取利润，令客户在他们的客户面前表现良好，从而增加回头生意、提高客户推荐度；令他们在老板面前表现优秀，从而巩固他们在公司中的地位，那么，你所营销的就是价值。你会将沟通的重点放在人际关系上。反过来，你的现有客户和潜在客户也会以这种方式来看待你。想到你为了帮助他们实现改善所采取的方式，他们就会觉得你的作用不可替代。当客户总是想到你的人脉时，你就没有了竞争对手。价格变得不再重要。此时，交易历史反倒变得更加重要。建立起了信任、合作关系和友谊，这些客户会说他们把你当成了家人。想想这一点！还有谁能与你相争？

你已经没有对手了。

转变思想

如果将重点放在产品和服务上，你就会被商品化，而专注于价值与关系却能令你与众不同，为此，你必须转变思想，将重点从你所做的事情以及销售的产品转移到如何改善人们的生活与工作上（见图 4-3）。

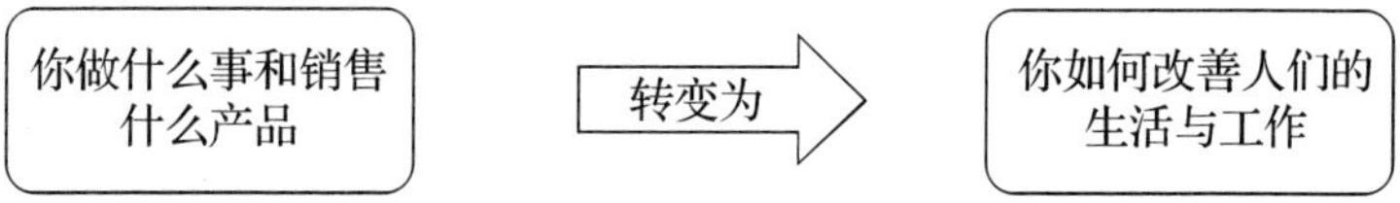

图 4-3　对于收入增长而言至关重要的思维方式的转变

一旦你将重点放在你所做的事情与所销售的产品上，你的沟通就会集中在以下几个方面，而那些可以帮助客户提高业绩的具体方式则将被排除在外。

- 过分强调产品和服务的名称及详细信息。
- 介绍产品和服务的详细信息、流程和方法。
- 详述规格、速度与统计信息。
- 凸显你自己以及你的才能。

相反，如果你将重点放在价值上，就会向客户传递下列信息：

- 与你合作之后，客户将获得何种改善。
- 你的产品或工作将如何帮助客户赚钱、省钱、省时、提高效率或是变得更加快乐。

■ 清楚列出了名字、职务与所在公司的客户感言。

■ 详述客户在向你寻求帮助时所面临的问题、他所购买的内容及你究竟如何帮助他解决问题的案例分析。

■ 精准聚焦客户的需求。

当你转变思维方式，从而将营销和销售重点放在价值以及如何帮助客户实现改善上时，你的表现就会变得更加自信。你会变得更大胆，也能采取更多行动。你的销量可以提高，公司的营收也能增加。业务得到了改善，生活变得更加轻松。毫不夸张地说，你能更好地享受生活。而这些不仅仅是企业主才能享受的福利，同样的益处还能延伸至管理层、员工，甚至是与你合作的独立合同人或销售代表。如果他们能转变思维方式，关注贵公司的价值而非产品和服务，他们也能变得更加大胆，采取更多行动，售出更多产品或服务并且改善他们的生活。

只要将重点放在如何改善客户上，你就能够拓展业务，改善生活。

本章小结

■ 我们的心态决定了我们向世界营销的内容。

■ 我们的认知将会塑造市场对于我们的认知。

■ 因此，我们必须着手转变思想，从关注我们能生产或者能销售什么转向它们将为现有客户与潜在客户提供怎样的帮助。

■ 聚焦价值，收入便会随之而来。

05 每天花 15 分钟就够了

我知道你很忙。

你一整天都在管理、销售、响应、协助、处理、答复、详述以及救急，以免小火苗燃成熊熊烈火。

你在拜访客户的路上。

你还在接听他们的电话，处理他们的问题、难题、突发事件，安抚他们的不满以及愤怒情绪。他们惊声尖叫，等你解决了他们的问题，他们鼓励你一番。他们享用着你购买的晚餐，品尝着你的饮料，然后你继续客户答谢之旅。第二天，他们又一次尖叫，新一轮的循环再次开始。

我们还没算上发生在公司内部的事情。如果货运人手不足，你就得亲自送货上门。如果客服人员正手忙脚乱地应付一波又一波的电话，你就必须处理自己根本无暇处理的琐事。如果销售人员忙得焦头烂额，根本抽不出时间处理客户提出的问题，客服人员就需要解决工作范围之外的事情。

我知道你正在处理些什么，也知道你的日子是怎样一种状态。

然而，除了已经完成的工作，我还要求你花更多时间来完成收入增长方面的工作。

这是因为，如今你与多数人一样忙于被动型工作（reactive work）——如果别人提出需求，你就要做出响应。你处于图 5-1 的左侧。但是，正如我之前所说的（我只重复重要的内容！），收入增长是一项积极型工作（proactive work）。我们必须向右侧移动。你不必一口气冲到那里，只要每天花上 15 分钟即可。

图 5-1　被动型工作与积极型工作

我们需要为了实现收入增长抽出时间。

收入增长需要你主动与现有客户和潜在客户进行沟通，而你现在并未这么做。

如果我们整天忙着应付不同客户的需求，就无法掌控自己的成功。我们无法决定自己的未来——除了听天由命，我们别无选择。当我们在被动反应时，就像是追着骨头跑的小狗。而这些骨头就是苛刻的客户抛出的开展更多业务的承诺——前提是我们能够解决眼下的这个麻烦。

下列活动就是被动型工作的例子。在业务中，这些工作完全必要，甚至是强制性的。如果完不成，就根本不可能获得业务，但是这些活动无法拓展你的业务。

- 回答客户的提问。
- 处理客户投诉。
- 执行 / 处理订单。
- 报价或估算。
- 客户付款后交付产品或服务。
- 提供技术支持或文档。为回应客户或销售而开展任何活动。

以下活动属于能够拓展业务的积极型工作。我们必须抽时间完成这类工作；如果被动地度过每一天，这类活动就不会发生。收入增长习惯要求你自主完成这类活动，每天完成一项即可：

- 告知客户他们还能从你这里购买什么。
- 请客户提供感言。
- 让更多人了解这些感言。
- 请客户撰写推荐信。
- 补充联系人名单。
- 寄一份手写便条给客户。
- 扩充客户名单，向他们发送极具价值的业务通讯。

这些积极型工作具有哪些共同点呢？可以概括为四点：

1. 这些几乎全是沟通行为。其受众都是你的潜在客户。

2. 这些都是我们所知的重要活动，但是我们往往会为了处理紧急的客户问题而将它们搁置一旁。

3. 这些全都可以快速完成，绝不会超过 15 分钟。

4. 一旦掌握了技巧，你很容易完成这些任务。它们没有挑战性，真正有挑战性的事情是抽时间去完成。

本章小结

- 多数人每天都在对客户提出的紧急问题作出被动反应。
- 收入增长是一种积极型的工作。
- 我们必须为收入增长留出时间——每天完成一项活动，每次 15 分钟。

06 知道了不行动也白搭

你已经知道该怎么做了。

你很聪明。这些你都懂。

我不打算在书中讲太多你还不清楚的事情。

例如，你知道自己应该请更多客户写推荐信，对吧？

同样，你也知道你应该保存一份现有客户与潜在客户名单，而且应该通过持续发送极具价值的业务通讯来与他们保持联系。

问题是，尽管你知道自己应该做这些事，但是你真的去做了吗？

没错，这些工作都不难。

没错，本书中的大部分内容你可能已有所耳闻。

而且，你也许已经深刻地认识到这些工作的重要性。你的成功以及家人的福祉就是这些努力的最终结果。

问题是，如果你和多数人一样，那么你在这方面所付出的努力也许还不够。这并不是因为你不想这样做。相反，正如我们在上一章所讨论的，这仅仅是因为你忙得不可开交。客户接连不断地提出自己的迫切要求，而你必须为他们解决问题。

知与行之间的距离

你现在正处在图 6-1 中的左侧，我希望你能认同这一观点。而你希望能够到达右侧，真正去做自己应该去做的事。

知 ——————→ 行

图 6-1　知与行之间的距离

将知与行区分开来的东西究竟是什么？知与行之间隔着什么（在这个问题上没有所谓的标准答案）？

在我的演讲与研讨会上，人们就上述问题提出了以下几点：

- 计划；
- 时间；
- 努力；
- 注意力；
- 拖延（我个人最认同这一项！）；
- 行动！

这些答案都不错，而且都正确，但是我觉得它们都可以归结为另一个词：自律（discipline）。

我认为，知与行之间隔着的是自律。

如果你知道自己应该做些什么却没有去做（或是做得不够），就必须在这个等式中加入自律（见图 6-2）。

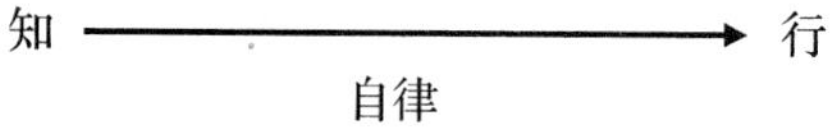

图 6-2　自律能帮助我们由知向行过渡

这究竟意味着什么？尽管这个词很简单，但是要对它下定义并不容易。不过，现在可不是这样了！

根据我的经验，自律不外乎以下两点：

1. 开始：最成功的人会着手尝试许多事情。

2. 反复：如果行动具有成效而你又颇为喜欢，就可以再做几次。如果你觉得不开心，那就停下来。如果行动没有成效，就对它进行调整或是做其他效果更好的事情取而代之。

此外还有第三点：

3. 问责制：如果有人要求你为自己打算做的事情负责，你就极有可能在这项新的活动中实现自律（见图 6-3）。你需要有人追问活动的进展，也需要一个汇报的对象。顺便说一句，你几乎不可能自觉主动地担负起责任。我从客户的身上学到，如果想让问责制对行动产生影响，就必须从外部引入责任机制。你还没有强大到能够强制自己采取行动的程度。你太容易被自己说服了。我们将在第 45 章进一步讨论这个话题。

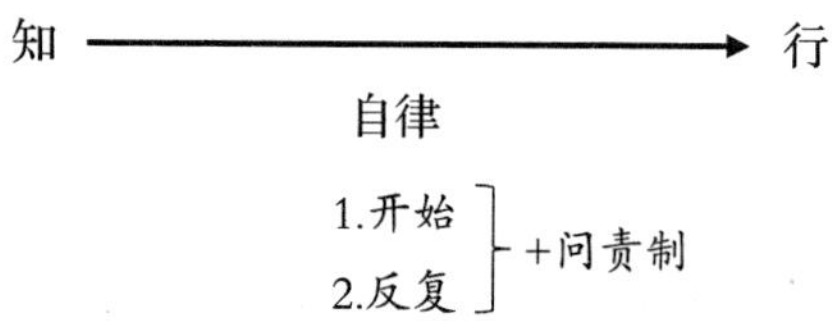

图 6-3　自律 = 开始 + 反复 + 问责制

我如何在四个月内减了 50 磅

我患有椎间盘突出，问题出在最下端，即 L4 与 L5 椎骨间。

它已经困扰了我好些年，而且日益恶化。有一天，我正向纽约市约 600 名听众发表演讲，第一次感觉到双腿发麻，一分钟后腰背部传来从未有过的神经痛。之前，我从未感受到任何疼痛，而现在我必须在所有人面前忍受不适。

演讲开始不久，这些症状便已出现。我拖着麻木的双腿在讲台上走动——你们当然希望演讲者能在台上蹦来蹦去，难道不是吗？我疼得大汗淋漓，心里十分害怕，因为我不知道究竟出了什么事。我以为接下来身体其他部位也会渐渐麻木。

幸运的是，我坚持完成了演讲，随后快步走出会议中心，拨通了妻子的电话。

我告诉她，我再也不能对这个病置之不理了。

为此，我咨询了国内最好的一些医生。

他们告诉我，我有两个选择：做手术或服用止痛药。听起来这两个选择都不怎么样，我决定哪个都不选。

但是我知道自己应该减肥了。自双胞胎儿女诞生的那一日起，我的腰围就一直见长。我身高 6 英尺 6 英寸，体重却已达到了 265 磅。

因此，我在电话中告诉妻子，我要试着开始减肥。我不会有什么损失，即便背上的病痛无法好转，我也会变得更加健康。

那天回家之后，我就开始只吃水果和蔬菜。和大多数人一样，之前我曾数次尝试节食。我试过风靡一时的饮食疗法，也尝过所有品牌的节食餐。可问题就在于，我喜爱美食。我喜欢食物的味道，即便已经吃饱了，我的嘴巴也停不下来。所有食物我都喜欢：肉类、碳水化合物、小吃、甜品。对于食物，我一视同仁。它们是我极好的朋友。

但是就在那一天，疼痛与不适战胜了这一切，我决定：从现在开始，只吃天然食品——水果和蔬菜。

我开始采取行动。

我挺过了第一天，心想，“天哪，我做到了。”

第二天醒来之后，我又坚持了下来。

我开始重复这个过程。

我的体重开始骤减。

第一个月，我减掉了 27 磅。

两个月后，我轻了 40 磅。

过了四个月，经历了几次恼人的停滞期后，我甩掉了 50 磅肉。

人们问我究竟打算减多少磅，我告诉他们我不知道。在决定停止减肥之前，我会一直保持这种饮食习惯。人们问我究竟打算节食多久，我也会告诉他们我不知道。在疼痛消失之前，也许不会停止。

我开始采取行动并且不断重复，而我的妻子负责监督，一直都是。我做到了自律。

收入增长也需要完全相同的方法。

从今天开始做一件新的事情。

明天继续。

后天也是一样。

一周后，对结果进行评估。

你可以选择终止或是继续。如果打算继续，你可以考虑再加入一项新的行动。如果决定终止，就用其他行动代替。好消息是，我将在本书中教给你22种技巧，你可以用它们来开始并且重复行动。究竟采用其中的哪一些技巧并不重要，重要的是你真正去做了。

我可以自豪地告诉你，减肥两年后，我将这种饮食方式坚持了下来。水果和蔬菜成为我的主食，我每周吃一次大餐或是将它们混合在一起。

最棒的是，减肥有效地缓减了疼痛，痛感比之前减轻了90%。

有时，医生未必就最权威。

有时，自律能够实现医生——以及商海中的顾问——做不到的事。

明天你会开始什么新的行动呢？

你能够不断重复这项行动吗？

谁负责你的责任机制？

新的收入——也许还有疼痛的缓解——就隐藏在你的答案之中。

本章小结

- 你已经了解了我准备教给你的大部分内容。
- 问题是，你做到了吗？
- 知与行之间隔着自律。
- 自律包含开始、反复以及问责制。

07 营销其实就这么点事

人们往往喜欢把营销过于复杂化。

营销的定义因此变得含糊不清；我们把它与品牌化、社交媒体、广告以及搜索引擎联系在了一起。这些内容都很棒，如果你深受鼓舞，也可以学习与营销相关的知识。但是，这些努力无法帮助你在最短的时间内赚到最多的钱，而让你在最短的时间内赚到最多的钱才是我撰写这本书的唯一目的。

对于中小企业而言，营销无非就是系统地将你的价值传递给潜在客户。

仅此而已。只要做到这一点，你的业务就能显著增长。

由于这是一本书，我不能就这样结束这一章，即便我已经点明了本章最重要的一句话。那就让我们继续深入探讨营销的定义吧。

系统指的是反复——一次又一次。它也意味着你在沟通时要有一定的模式。也就是说，你是在按照某种时间表进行沟通，而不是随性而为。因此，你可以每两周发送一次业务通讯，每月举行一次网络研讨会，或是每半年手写一张便条。

沟通则意味着清楚地解释。对我们而言，希望能够通过多种媒介进行沟通：在线或是离线，越私人越好。如果参照我提供的模式，进行群组沟通也没有问题，不过你要清楚，人人都会群发邮件。你至少应该在群发邮件与一对一沟通之间实现最低限度的平衡。也就是说，客户在收到群发邮件或业务通讯的同时，至少也能收到一封发送给他们个人的一对一沟通邮件。

你的价值就是你所要传递的内容。这就意味着你不是在系统地宣传产品和服务。你需要系统地表达，一旦与你合作，客户能够获得怎样的收益。因此，你应该谈论的是如何帮助 B2B 客户增加销售额、扩大市场份额以及留住员工等问题。如果你的销售对象是个人客户，就要说明你可以如何帮助他们省时、省钱，介绍有助于改善生活、使家人受益的各种方式。当然，在此时提及产品和服务并无不可，不过这些不应成为沟通的重点。

潜在客户就是会给你开支票或递给你信用卡的人。在大多数行业中，职位越高的人可以开出的支票额度越大。我与许多制造商和批发商有过合作。我的许多客户需要应对来自采购部门的客户或者建筑师、工程师这类颇具影响力的人。我们必须面向这类人进行营销，如果可能的话，还应该尽量将那些比他们职位更高的人，如首席执行官、总裁和企业主等囊括进来。这些人基本上就是应该出现在客户名单上的人。一份优秀的名单应该尽可能地将所有潜在客户包括进来。

如果想要通过营销带来收入，上述四个元素缺一不可。也就是说，人们必须经常或是系统地收到你的邮件。不然的话，大约三秒钟后他们便会将你忘得一干二净。如果你的竞争对手向他们发送的邮件比你多，猜一猜他们会掏钱买下谁的产品呢？在传递信息时，一对一沟通的频率至少要与公司对多沟通的次数持平。要把重点放在价值而非产品和服务上。价值才是你需要传递给潜在客户的内容。你当然可以将具有影响力的人加入你的客户名单，从而使其更加完善，但是这些人不应成为客户名单的核心部分。如果你的名单上只有这些人，却缺少职位较高的买家，则意味着名单上的人虽然很乐意向你学习并且阅读你发送的信息，但不会真正掏钱。

推式销售与拉式营销

一定要将销售与我要求你进行的这类营销明确地区分开来，这一点极其重要。

在进行推式销售（selling pushes）时采取拉式营销（marketing pulls）。

在销售结束后开始营销。

销售时介绍的是产品、服务和价格，而营销时介绍的是潜在客户成为客户之后将如何获得改善。

销售时你不断靠近潜在客户，他们却为了拉开与你之间的距离而不断后退。营销则是通过向潜在客户传递价值、展示他们的同行在购买了你的产品或服务之后如何得到了提升而吸引他们向你靠拢。

在系统性这个问题上，我还想补充一点：不要害怕重复。即便你今天刚向潜在客户介绍了你的产品和服务，也并不意味着他们明天还记得起任何相关信息。毕竟，当你详细介绍了自己的工作之后，他们往往都会说：“哦，你们是做这个的吗？！”

经常反复地向客户名单上的人传递你的价值。

这就是我们所做的事。

这就是营销。

本章小结

你所见过的最简单的营销的定义：系统地将你的价值传递给潜在客户。除此之外的内容不仅毫无必要，而且会使事情变得过于复杂。不过顺便说一句，“营销专家”就喜欢做这样的事！

08 有意义的营销测量方式就这一种

我有一位出色、善良的客户，他在竞争激烈的出版界拥有一家极其成功的公司。他来找我的时候，就是一位典型的“高度紧张的测量员”（hypermeasurer）。他从不做无法测量的事。因此，他带着良好的意愿，以一种错误的方式对自己的营销进行了测量。他重点跟踪了下列内容：

- 脸书好友的数量；
- 推特的订阅用户；
- 通过各种搜索条件来定位的搜索引擎；
- 网站的点击量以及页面的访问量。

此类测量的问题就是：就我专注研究的 B2B 公司而言，上述统计数据与收入的增长之间不存在任何相关性。脸书好友的数量并不等同于收入的高低。在搜索引擎反馈的结果中排名靠前也不意味着收入就会更高。这是为什么呢？因为重要的潜在客户不会通过社交媒体或是搜索引擎来寻找你。他们更有可能通过客户的推荐找到你，或者他们之前便听说过你的名字。也许你已经知道他们，因为你给他们打过电话，但是他们尚未购买任何产品或服务。也许他们已经是你的客户，你的目标是进一步扩大与他们的业务往来。上面列出的所有例子，社交媒体、搜索引擎、网站统计等都不会对业务产生任何影响。也许你现在为新业务所做的绝大多数努力都属于这一类。

你能举出一些反例吗？我相信你一定可以。

你在社交媒体或搜索引擎上所耗费的心血是否为你带来了一两张订单？也许吧。

但这些都是例外，我认为你不应该根据那些鲜少、意外或是偶尔发生的结果来制定你的业务增长战略。

最后，让我这样结尾吧：如果你的销售对象是消费者，那么前面提到的测量标准与收入增长之间的关联性也许会稍强一些，不过也不会太强。

营销既是艺术也是科学

我的一位创业导师艾伦·魏斯（Alan Weiss）在我职业生涯早期就向我灌输了这一点。他的看法完全正确：营销既是艺术也是科学。也就是说，我们必须接受这样一个简单的事实：哪项营销活动能够带来下一项业务并不重要。对于处在 B2B 行业中的多数人而言，只要能够拿到一笔大订单，就能完成月度、季度或是年度任务。因此，拿到订单才是关键。

我有一位客户是机床制造商。他最大的订单都是按照我传授的经验，在行业展会上进行有效营销所取得的。

另一位身价一亿美元的经销商利用我所传授的技巧增加了现有客户的购买量，从而垄断了公司绝大多数的新业务。

我的另一位客户，加拿大的一个工业安全配件制造商则通过向现有客户和潜在客户大力宣传客户感言与案例赢得了许多新业务。

他们的收入来自不同的渠道。

尝试不同的途径，找到最适合你的那一种。

如果某些途径能够更有效地带来收入，那就更频繁地采用这些方式——或是指派更多员工采用这些方式。

如果其他方式将你带入了死胡同，那就改变路线，尝试一些别的东西。

这就是艺术。

你必须适应它。你必须尝试不同的方式——第三部分将逐一介绍，并且重点关注能够起作用的那些方式。

唯一重要的营销测量方式

前面我们提到了那些不重要的营销测量方式，接下来就谈谈那些能够成功的有趣的方式。

新的收入：这才是最重要的营销测量方式。你为营销所做的努力为你带来了多少新营收？

如果它未能为你创造新收入，我就对它不感兴趣。

这就是“品牌意识”这类在研究生院十分流行的术语对我来

说意义不大的原因。即便你拥有一些品牌意识，如果它们无法为你创造新的收入，又有什么用处呢？人人都知道你的品牌，却不打算掏钱购买。

要评估你的营销效果，就必须像激光一般聚焦在创收这个问题上。公司因为你的营销努力而获得发展了吗？如果确实如此，那么你便获得了成功。否则，你也许需要换一种方式进行更多的营销。就是这么简单。

另外三种有用的营销测量方式

还有三种有效的营销测量方式，它们预示着新的收入。也就是说，这些先行指标说明，你的销售将因为你的营销努力而开始朝着正确的方向迈进。我想你一定会发现，下面的三种测量方式十分有用，而且能够预示营销的成功。这三种方式按照与新收入之间的远近关系依次如下。

不断扩充的客户名单

我坚信，如果客户名单始终没有变化，公司将难以获得发展。名单的扩充意味着有越来越多的人在持续接触你的价值；意味着你接触到越来越多的潜在买家；意味着你的收入很快会跟着增加。（第 28 章将讨论究竟应该将哪几类人增加到客户名单之中。）

持续、经常的沟通

名单上的人必须经常收到你的信息。沟通的方式有两种：可以通过一对一的方式，比如提出类似“您知道吗”这种问题以及宣传客户感言等；也可以通过一对多的方式，比如发送业务通讯以及宣传案例分析等。

如果承诺每周发送业务通讯，却只是时不时才会这样做，那还不如一开始就不做这件事。如果人们正在期待你的来信，就一定不要让他们失望。这一点极其重要。

举手

营销的目的就是让受众举手说：“我对你现在做的事情很感兴趣。”我相信，他们举手的那一刻就是你从营销转向销售的时候。这是开始与终结的转折点。一旦潜在客户举起了他的手，他就已经完全接受你的产品和服务，现在销售人员需要与他联系以赢得这笔业务。

随着营销的改善与成熟，你希望看到越来越多的现有客户和潜在客户举起手来。他们一旦这样做了，就离你更近了，而你只需要站在原地，备好有关产品、服务与价格的详细信息欢迎他们。

本章小结

■ 业务增长是市场营销最重要的测量方式，其他方法望尘莫及。

■ 然而，你可以通过三种收入先导指标来追踪营销过程：

— 扩充客户名单。

— 经常进行沟通。

— 现有客户与潜在客户正在举手。

09 就是这么简单！

不久前，我举办了一场网络研讨会。这是某个行业协会委托我做的六场研讨会中的一场，协会向我反馈了会员们的意见。每次，与会者几乎都会给出清一色的好评。不过这次网络研讨会结束之后，有一条评论给我留下了深刻的印象。这位评论者明确表示，他之前从未见过我或是听说过我的工作，尽管我是该协会邀请的主旨演讲人以及工作坊的主持人。显然，他从未有机会实践我提到的这些技巧，因为会议结束之后他立即提交了这条意见。

除了评分之外，他还说道："不可能像亚历克斯说的那样简单。"

我给他的简短回复就是："确实就像我说的那样简单。"

一旦现有客户和潜在客户了解到他们可以从我们这里买到什么以及之后将如何获益，就能实现收入增长。

因此，我提出的帮助客户公司获得发展的方法就是以促进其与现有客户及潜在客户进行更多的沟通为主。真的就是这么简单。

现在让我们稍稍深入地分析一下这位会员的反馈意见。

他不相信我介绍的快速简单的方法能够拓展他的业务。

假设他所经营的公司与该协会的典型企业类似。我觉得，通过描述此类公司的典型业务，我们就能弄清为何他会觉得收入增长不可能像我说的那样简单。

对他而言，生意一直都不好做。一向如此。

事实上，做生意往往是一个艰难的奋斗历程——长期且十分缓慢的跋涉。

最近几年，他的收入一直停滞不前，在经济衰退期还略有缩水。

他经营着一家传了几代的家族企业。也许他的父亲或者祖父是白手起家。

他工作极其辛苦，却无法为自己在生意上所投入的努力、风险、时间与资金赚回足够的收入。

事实上，如果他在本行业中另找一份工作也许能有更高的收入。如果这样做了，风险会随之消失，生活就会容易得多。

但是他不能这样做，因为他的手下还有一群员工，其中一些在他父亲经营企业时就开始为公司效劳了。他觉得自己要对他们以及之前经营家族企业的家庭成员负责。

而且，他一直渴望能够出售整家企业，如果他离开企业另找一份工作，这个梦想就将不复存在。那么，所有的工作、所有的努力、所有的原地踏步都将毫无意义。

于是他留了下来。他奋力挣扎，异常努力地工作，公平对待员工，善待客户。

这样一来就很容易理解，为何我的方法对他来说好得令人难以置信。

对他而言，没有什么是可以轻易得到的。

但是，我成百上千的客户、数以千计的会员听众以及好几万在实际工作中应用了这些技巧的业务通讯的订阅者都能证明这个道理：让更多人更多地了解你的价值，就会有更多的人购买你的产品或服务。

绝对不会比这更复杂。

告诉人们他们可以从你这里买到什么以及此后他们能够获得怎样的改善，他们就会很乐意地购买。

你的业务就将获得发展——简单、有效、有力、快乐。

本章小结

实现业务增长超级容易。只要与那些能够掏钱购买产品或服务的人进行更多的沟通即可。仅此而已，不会更复杂。

10 你的产品和服务做得远比营销牛

我与一些全球顶尖的消费类电子品牌有过合作，例如罗技、TiVo、联想、T-Mobile 以及黑莓等。当时，它们正处于或是已接近其所在行业的金字塔尖。即便如此，它们的产品也比它们的营销强得多。

我也曾与全球最为成功、发展最快的中小型私营企业合作，从营收 1 000 万美元、1 亿美元、2 亿美元的公司，到营收 25 亿美元的封闭式公司。找到我的时候，它们的产品与服务都无与伦比，但营销水平一般。

假设我和你正在聊天，我请你介绍一下你的产品或服务，你很可能会侃侃而谈。你会详述它们的方方面面，从组件、细节、尺寸、规格、加工流程到工艺与技术。但是如果我再请你谈谈你的营销策略，就可能出现令人尴尬的短暂沉默，然后你也许会别别扭扭地告诉我，你不擅长营销。我可以相当准确地预测这次谈话，因为与你的同行——企业规模与你的公司相当的企业主——聊天的时候，这种场景屡屡发生。事实上，我与志愿者在听众面前进行角色扮演时就经常会上演这样的对话。

产品与服务 vs. 营销

让我们来试试这项练习，你一定会觉得很有帮助。

用如图 10-1 所示的双轴图来评估产品与服务的质量以及营销的有效性。

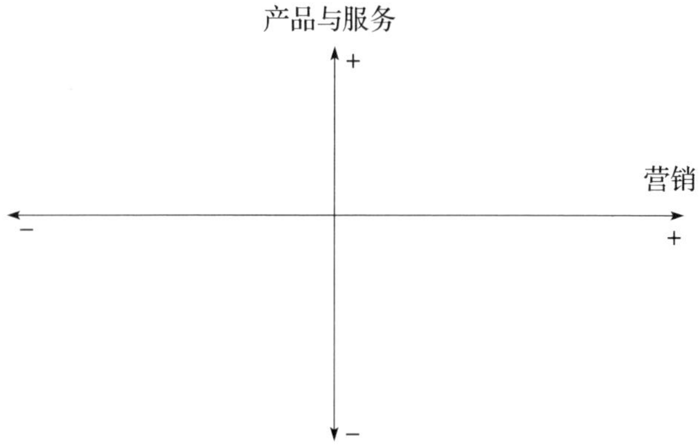

图 10-1　产品与服务同营销之间的关系

首先评价产品与服务

纵轴代表产品与服务。底部的箭头代表 0，顶部的箭头则代表 10。在 0 ～ 10 的范围内，你会如何评价自己的产品与服务？请从以下方面进行评分：客户的满意度、回购频率、客户年限（如果这位客户已经与你合作了 10 年、15 年或是 23 年，也许能够说明你的产品和服务十分出色）。根据你的自我评价，在纵轴

上用 × 进行标记。

接下来评价营销的质量

横轴代表营销。根据我对营销的定义——系统地将价值传递给有可能购买产品与服务的人，利用新收入这项最重要的营销测量指标，你会如何评价自己的营销质量？向左的箭头代表 0，向右的箭头代表 10。请在 0 ～ 10 之间的横轴上标记 × 。

多数封闭式公司的评分

通常，我会请大部分听众与所有客户做这项练习。因此，我见过数以千计的人为这两项内容所做的评分。多数人为自己的产品和服务打了 8 分或 9 分。他们已经在这一行业打拼多年，甚至经过了几代人的奋斗，他们与自己的客户保持合作关系几十年。当然，有时也会出现一些问题，但是优秀的公司能够解决这些问题并且继续向前迈进。在与客户的客户交谈的过程中，我几乎总能听到他们说，他们早就料到会出现问题。关键是你会如何处理这些问题。我们每天耗费大量时间去扑救的急火也正是这些问题。

如果你的公司与多数成功的中小型私营企业一样，那么你的产品和服务就会非常出色。它们几乎总能满足客户的期望，你的服务甚至有可能超出他们的预期。你销售的产品、交付产品的方式以及处理问题的对策都极其优秀。

现在，让我们再来谈谈营销评分。如果我问一群人：“根据你与现有客户和潜在客户的系统沟通能够为你带来的新收入，你觉得自己的营销可以得多少分？”下面是我遇到的一些情况：

首先是沉默，一片寂静，没有任何动作。

随后有几个人开始显得局促不安。

接着传来一些叹息声，有人开始摇头。

然后一些人开始咕哝一些数字：3，2，0，0.2。可以打负分吗?

一想到多数私营企业针对潜在客户所进行的系统、积极的营销（而非销售）毫无成效——或是压根儿没做此类营销——人们就会感到不安。但是一旦熬过了这个阶段，营销评分就会在2分与3分之间。

对评分进行解释

我花了很多时间来思考，为什么产品和服务的得分会比本应吸引客户购买产品的营销更高。下面是我的一些看法。

公司的创始人或所有者是其所销售的产品或服务方面的专家。创业之初，公司的经营者对产品或服务充满热情。

我们努力完善产品、精简服务，而不是进行市场营销。产品是为每个客户设计的，有时甚至是为他们量身定制的。我们根据每位客户的实际情况修改、调整并且定制服务。

我们在文化上，有时甚至是在基因上倾向于抵制营销。这种现象很有趣，同时也很重要。很多人觉得谈论自己擅长的东西很别扭。有多少次你曾听别人说“我们喜欢用工作表现来证明自己”。这与营销正好相反。这是谦虚，而营销不需要谦虚。

我们不知道该怎么做。作为中小型企业的领导者，我们知道自己应该进行营销，但不知道自己到底应该做些什么。应该使用社交媒体、广告还是搜索引擎？在多数行业展上都会出现社交媒体专家的身影，他们往往会滔滔不绝地讲述营销的好处。我们面临的选择太多，而且新的选择不断涌现。

我们没有时间去做营销。除了这里提到的其他原因之外，还有一个原因是我们根本挤不出一点多余的时间。在处理完客户的问题、与客户会面、激励（照顾？）员工、开车、搭乘飞机、制定计划、与家人共度短暂的时光之后，我们已经没有时间进行积极的营销了。

营销并非公司的首要任务。销售是重中之重，让客户开心是头等大事，准时交货是首要任务，聘用合适的人才是当务之急，这份任务列表中并没有营销的位置。具有讽刺意味的是，有效的营销为你带来的收入远胜于这些活动，我们却没有在营销上投入应有的时间。

回到图上：接下来，找到你的兴趣点

让我们回到如图 10-1 所示的双轴图。当你在横轴与纵轴上各标记了一个 × 来评估你的产品和服务以及营销之后，就从这两个点开始，各画一条虚线并且找到它们的交点。然后在交点处画上一颗五角星或是任何一种能够激励你的符号。现在，你绘制的图应该与图 10-2 类似。

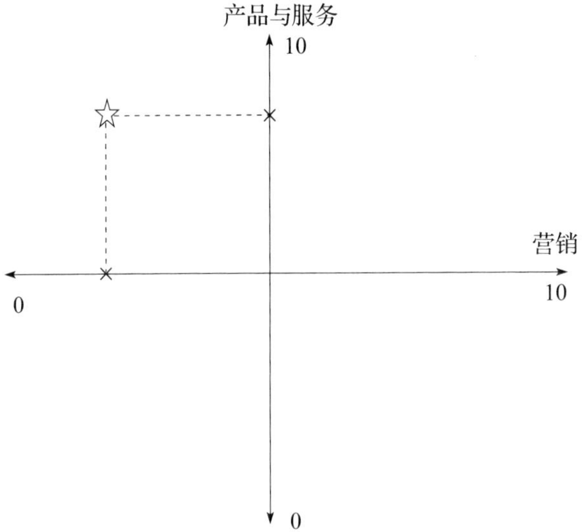

图 10-2　多数公司的评分

认识各个象限

现在，让我们来看看图 10-3 中的四个象限。

先从右上角开始。

1. 传道客户

如果公司拥有优秀的产品和服务以及良好的营销策略，你就可以发展传道客户（evangelist customers）。这些人会替你营销，向那些可能会购买产品的同辈人进行宣传。

苹果公司的传道客户比其他公司要多。iPhone 的用户都喜欢这款产品，对它赞不绝口。在 iPhone 之前，iPod 也拥有自己的传道客户。在那之前，则是 Mac。

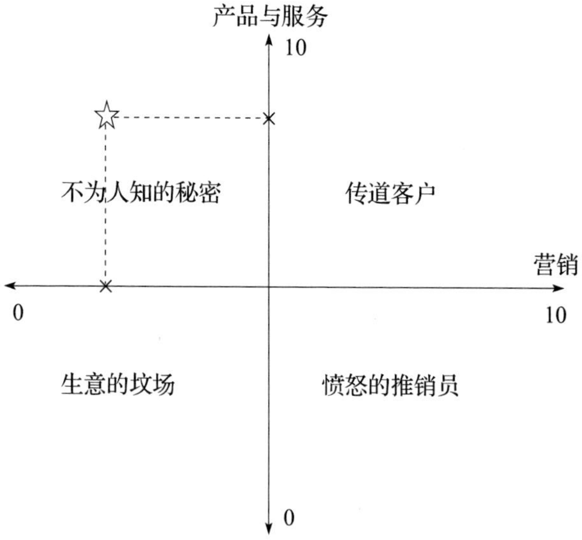

图 10-3　四个象限

你与特斯拉的车主交谈过吗？除非你同意在 24 小时内购买一辆特斯拉，否则他们会把你逼入绝境，让你无处可逃。

网飞有传道客户，亚马逊也有，谷歌也不例外。

当然，这些都是世界顶级品牌。但是，即便你的产品不像它们这样知名，也能在你所在的利基市场中发展传道客户。

例如，我曾帮助户外电力设备公司（如商用割草机厂商）在其所在的区域及行业中发展传道客户，也曾帮助建筑制造、管道配送甚至是养老金与福利等行业的客户发展传道客户。如果你身处 B2B 市场，就根本无须享誉国际市场。你只需要在自己的客户类别中拥有传道客户就可以了。我在各个行业中均有传道客户，很多中小企业主会告诉你我的方法拥有强大的力量。然而普通大众根本不知道我是谁，我觉得这样很好。受欢迎程度不重要，在你所在的行业中传道才重要！

2. 愤怒的推销员

如果你的产品和服务很差，但是你有很好的营销策略来支撑它们，那么你就拥有一群愤怒的推销员（angry runners）。这些人在营销的影响下花钱购买了质量欠佳的产品。

只要回想一下黑莓公司推出的首款平板产品 Playbook，你就知道这类产品究竟有什么特征了。当时，平板电脑市场主要掌握在 iPad 以及各类 Android 设备手中，而黑莓公司发布了一款无法收发电子邮件的平板电脑，用户必须下载一个特殊的应用程序才能处理电子邮件。黑莓公司之所以匆匆忙忙将产品推向市场，仅仅是为了让自己的平板电脑挤进零售市场。当然，公司通过有力的电视营销支撑了自己尚不完善的产品。许多黑莓爱好者购买了 Playbook，在打开崭新的平板电脑大约 5 分钟后，他们就已经怒不可遏了，这完全可以理解。Playbook 遭遇大量退货，黑莓公司至今还没从未经深思熟虑便进军平板电脑市场的挫败中恢复过来。

愤怒的推销者与传道客户正好相反：他们会把有关你的负面信息传播给任何愿意接受这些信息的人。

本书的读者都不太可能拥有愤怒的推销员这类客户。

3. 生意的坟场

产品、服务与营销俱差的公司很快就会步入生意的坟场。这些公司撑不了多久。我能想到的最贴切的例子就是硅谷绝大多数的高科技创业公司，它们大多获得了风险投资的支持。一方面，这些公司的产品往往需求量并不大或是根本无法为人们提供帮助；另一方面，它们的营销策略十分糟糕，或是压根就没有进行任何市场营销。难怪这些产品的目标市场几乎从未听说过它们的名字。糟糕的产品、糟糕的营销、生意的终结，这同样不是你所属的类别，因此我们不需要花太多时间讨论这个问题。

4. 不为人知的秘密

绝大多数封闭式控股公司都位于这个象限。它们拥有优秀的产品和服务——你也一样，但是营销能力低于业界平均水平——你也同样中招了。

你可以向市场提供极高的价值，但是知道的人并不多。

不然，就会有更多的人成为你的客户。

现在问题来了：即便在现有客户的眼中，你也依旧蒙着神秘的面纱。也就是说，尽管他们已经成为你的客户，却仍不清楚自己是否还能从你这里买到其他的产品或服务。事实上，如果可以购入这些东西，他们就能获得更大的收益，可问题是他们压根不清楚，因此也就无从购买。

好产品，差营销。你很有可能落在了这个象限。

向右侧移动才能获得新的收入

最后，让我们看看图 10-4，想一想如何才能改进我们在这个模型中的位置。

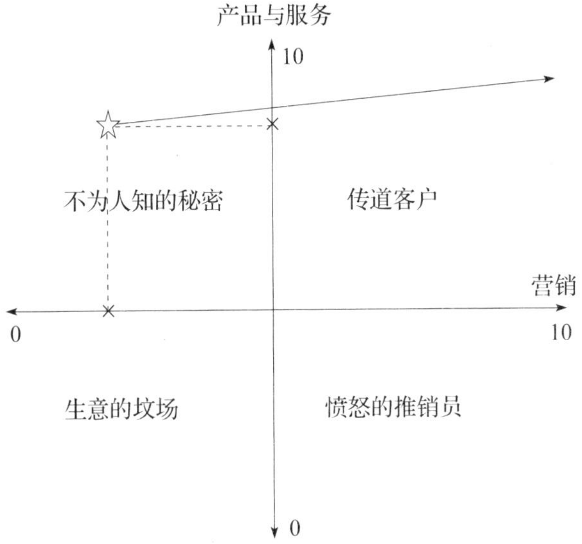

图 10-4　向右侧移动才能获得新的收入

我们希望能够沿着箭头的方向移动。（从交点向传道客户所在的象限画一个朝右上角倾斜的箭头。）只要能够进行入这个象限，就能吸引更多的客户，增加每个客户可以带来的收入，并且简单、愉快地赚更多的钱。

从这项练习中可以得到三条重要的结论：

1. 业务的改善有赖于营销。如你所见，箭头稍稍向上倾斜，直指右侧。这些横向运动全与销售有关。沿着产品和服务这条纵轴略微向上移动，从 8 分或 9 分提高到 10 分未必能为你带来更多的收入。但是，营销的改进绝对、肯定、无疑会为你带来新的销售机会。

2. 你把时间浪费在了已经极其出色的业务领域。你的产品和服务非常棒，但是营销却连平均水平都没有达到。下面的这个问题很关键：你把更多的时间花在了哪些方面？多数人会说产品和服务，而不是营销。

问题就在于：你现在的产品和服务已经十分优秀了，它们不可能再为你创造更多的收益。

如果在现有产品和服务的基础上再加入一些简单有效的营销，又能创造多少额外收入呢？对于大多数中小企业而言，可能达到数百万美元，对于其中一部分企业来说，甚至有可能达到几千万美元。想想这一点吧。

并不是说你不需要再对产品进行改进或是对服务进行微调。如果这样做可以让你觉得快乐，那就去做吧。不过你一定要清楚，对于你的产品与服务，客户已经非常满意了，所以他们才与你合作了这么多年，而且不断与你续签合约。将产品和服务从 8 分提高到 10 分反而会适得其反。只有你自己才能意识到并且欣赏这种改进。

我只想说，你应该每天花 15 分钟专门处理营销问题。只有营销才可能实现收入增长。

3. 不必完美无瑕。不是非得到达箭尖才能获得更多的收入。事实上，只要将营销的分数提高 2 分左右就可以了。如果你现在的得分是 2 分或 3 分，那就努力达到 4 分或 5 分。只需向右移动两格即可。只要缩小你与平均水平之间的差距就行了。这一段距离就代表着数百万美元。我们将在本书的最后讨论追求完美这个问题，不过你需要明白，追求完美会适得其反，有所改进就够了。

一旦养成了收入增长的习惯，通向数百万美元新销售收入的道路就能有所改善！

本章小结

■ 大多数中小型私营企业拥有优秀的产品和服务，但是它们在营销上的表现却不尽如人意。

■ 对于市场以及现有客户而言，本书大多数读者的企业不为人知，大部分客户并不清楚自己还能从你这里买到什么。

■ 你的产品和服务已经足够优秀，它们无法再为你带来更多的收入。进一步改善产品与服务只能为你个人增添成就感，却于客户或是你的总收入无益。

■ 营销可以为你带来唾手可得的收入增长，一个小小的改进——从平均水平之下提升到平均水平——就能创造数百万美元的新收入，而且根据公司的规模，这一数字还有望达到数千万美元。

11 “我们不喜欢吹牛”

合作初期，客户往往会告诉我，他们实在做不到收入增长技巧所需的勇敢大胆，因为他们不喜欢吹牛。

我很理解。

我们所接受的教育大多告诉我们，为人要谦虚。

毕竟，从小到大，我们不知听父母唠叨了多少遍“别吹牛！”

向尽可能多的人大胆展示自己的优势似乎会让人觉得别扭。那就让我来帮你吧。下面列出了一些我的客户用来克服这种感觉的方法。

借助客户而不是你自己，告诉别人你的优势所在。一旦开始从最优质的客户那里收集极具影响力的客户感言，我们就能通过他们的话语宣传我们的价值。这么做的效果比你自己进行宣传要强得多，尽管有许多理由可以解释这种现象，但首要的是客户感言十分可信。如果你的客户是某位潜在客户的同行，他说你帮助他挣到了钱，还节省了时间，你记下这句话，并且传递给该潜在客户。他怎么可能反驳呢？他怎么可能觉得这是假话呢？如果由你说出自己十分优秀，能够帮助潜在客户挣钱并且节省时间，这位潜在客户完全有理由对你置之不理。你当然会说自己很出色了，因为你想让我购买你的产品啊！但是如果我们借客户之口来说这番话，那就不是吹牛了。我们只不过是在转述事实罢了。

你不是在吹牛，而是在帮助客户。请记住，你的工作可以给予人们极大的帮助。你可以帮助他们改善生活、提升企业。你帮助他们省时、挣钱。你帮助客户在他们的老板面前表现良好；你帮助他们令客户满意，并且续签合约。难道你不觉得，与你合作之后，你的客户的表现有了很大的改善吗？那么，为什么不让他们了解你的价值，并且让你自己享有由此带来的收入呢？告诉客户你可以为他们提供怎样的帮助，收入自然会随之而来。

这个过程是一个良性循环。顺便说一下，良性循环与恶性循环完全相反。你收集的客户感言越多，客户传递的正能量越多，你就会越大胆、越自信。一旦你变得大胆和自信，就能轻松愉快、广泛地向人们宣传你的价值。因此，循环中的速率控制步骤（rate-determining step）就是请客户提供感言。请求，聆听，享受，改进，更加大胆，建立自信。用客户自己的话来宣传他们的改善。将你的新收入存入银行。（我最大的乐趣之一就是听到客户说，他们的银行存款不断增多！）

最近，我刚刚与一家大型工业防护装备制造商签订了一份合约。两兄弟现在共同经营这家由他们的父亲一手创办的企业。最初，其中一人对于“吹牛”的工作十分反感。之前，他从未询问过客户对公司工作的看法，也没有将客户的想法和感受向外界宣传。

他迟迟不愿打电话给客户，请他们谈谈自己的想法和感受。

不过他最终还是拿起了电话。

让他极为惊喜的是，接到电话之后客户十分激动。“公司老板给我打电话了！”请记住，与这些客户联系的通常是外部销售人员、内部销售人员或者客服人员。所以，他们毫不犹豫地讲述了为什么喜欢与他的公司合作。

客户感谢他的来电与对他们的关心。从中获益的人是他，可客户心怀感激。很酷，对吧？

在整个项目中，客户经常跟我开玩笑说：“简直不敢相信，你这套办法还真的管用！”

人们总会因为办法简单而觉得惊讶。

拦在你面前最大的障碍是你自己。

清除障碍，随心而动。

帮助别人。

告诉现有客户和潜在客户，他们可以从你的帮助中获得怎样惊人的改善。

这不是吹牛。

这让人们可以因为你的巨大价值而受益。

他们应该享受这些，难道不是吗？

本章小结

- 大多数潜在客户并不清楚你可以帮助他们实现怎样的改

善，因为你从未告诉过他们。

- 宣传客户感言并不是在吹牛，而是在请客户帮助你阐明你的价值。
- 你不是在吹牛，而是在向人们伸出援手。

12 常见的思想阻力

我将在本章谈一谈在征求客户意见、发现他们对于你的工作的积极想法与感受、将这些转化为客户感言并在市场上进行广泛宣传的过程中面临的常见问题与阻力。这些都是客户与听众告诉我的他们不愿意请客户提供感言、进行推荐的主要原因。我想在这里一一分析这些问题，因为它们总会出现，也许你自己也正在思考其中的某些问题。我会在分析所有的犹豫、反感与阻力之后，提出我的观点与反馈意见。

当我问客户与听众，为什么不开展此类对话，为什么他们不请更多客户提供感言与推荐的时候，他们是这样说的：

*我不想强迫他们。*你不是在强迫他们，而是在努力帮助更多的人。这是你的工作。而且，你听说过有人在别人征求他的意见时拒绝合作吗？我不知道你有没有遇见过这种情况，反正我从未听到有人说“我不想告诉你我的想法”。相反，人们很高兴有人询问他们的想法，而且往往很乐意分享他们的意见。请记住，只询问最优质的客户的意见，这份名单必须精简。他们会觉得接到你的电话是一种荣幸。你也要这样对待自己。

*万一他们觉得没什么值得称赞的怎么办？万一他们不像我想的那样满意怎么办？*这有点像是讳疾忌医。如果客户不像你所想的那样满意，至少你知道了这件事，也明白了哪些地方有待改进。不过让我来告诉你：如果你将目标锁定在最优质的客户身上，并使用我教给你的方法请他们提供客户感言，99%的客户会提供关于你的价值的真正优秀、饱含情感的反馈。

*万一他们拒绝了怎么办？*请记住，你要找的是最优质的客户。根据我的经验，所有最优质的客户都会毫不犹豫地分享与你合作的积极经验。你请他们这样做，他们几乎都会认为这是一种荣幸。

*如果我在网站上贴出了这些感言，竞争对手就会得到我的客户名单。*你以为竞争对手没有经常给他们打电话吗？每次接到他们的电话之后，你的客户还是决定继续与你合作。日复一日，年复一年，你的客户始终没有离开你。就算你分享了他们的感言，也不会改变这一点。

事实上，如果你贴出了他们的感言，他们就更不可能奔向竞争对手的怀抱。他们会对你更加忠诚，因为他们的感言出现在了你的网站上。即便他们真的告诉你，他们打算结束与你的合作，你也可以笑着说："你记不记得你是怎么赞扬我们的？你不能走！我们可是把你的感言放到我们的网站上了呀。"事实上，在我的指导下，一些客户就是通过这种方式留住了客户。他们的客户同意了！

*我没有时间。*我们之前已经讨论过这个问题，不过较之那些

语气温和的建议，我要像纽约人那样提出一条建议：你真的挤不出 90 秒到 15 分钟的时间来使你的收入至少增长 15％吗？我都做到了，我那些业务迅速扩张的企业客户的企业主和首席执行官也做到了。我猜你只是不愿意腾出时间。看看你每天的行程安排，是否没有时间再多发一封电子邮件或者在电话里再多问一两个问题。

*我不知道该怎么做，我不知道该说些什么。*你现在已经开始做了，因此这不是一个借口。你可请客户谈一谈与你们合作时最令他们满意的一点——这样就可以引导客户谈谈他们的感言。至于推荐，请他们想想在认识的人里还有谁也能因为你而受益。就是这么简单。如果他们是你的优质客户，就会很乐意为你提供帮助。

*他们不会让我把他们的姓名和公司名称写进客户感言。*我已经对客户的客户进行了上万次采访。我的经验是，95％的情况下，他们会毫不犹豫地允许你使用他们的姓名和公司名称。4％的人会要求事先看一看你所撰写的内容，这个要求合情合理。因此，你可以将稿件发送给他们，他们基本上不会有什么意见。1％的人也许不会允许你这样做。这意味着，你只有在进行了许多类似的谈话之后才有可能遇到一位这样的客户。

人们之所以乐意让你将他们的想法和感受分享给他人，是因为他们刚刚花了 5 分钟、10 分钟或者 15 分钟的时间，思考并且谈论了关于你的积极信息。他们在一段时间内高唱了一首关于你的赞歌。他们属于正能量一族。“我们可以在我们的材料里引用您的意见吗？”“当然可以。”

不是公司里的每一位同事都会询问客户的想法和感受。他们不是每天、每周或每月都会遇到这种请求。事实上，也许只有你询问过客户的意见。这是一项少见和独特的要求。因为关心，所以才会询问。对于客户来说，这很重要。他们很看重这一点。如果与你合作的公司的老板亲自打电话给你，请你谈谈对他们公司的反馈意见，难道你不会对此印象深刻吗？绝对令人难忘！

*他们为什么会推荐我？*因为你帮助了他们。而且因为人们很乐意为朋友和同事牵线搭桥，让他们能够结识良好、可靠的合作伙伴。想想你自己的生活：如果你（终于）找到了一个优秀、可靠、高效、准时的按摩师、室内画家或草坪护理公司，你会不会兴高采烈地告诉你的亲朋好友？在生活中你会这样做，生意场上也一样，只不过我们需要请客户为我们做推荐。因此，开口提出你的请求！

这些阻力的共同点

现在，让我们回顾一下本章所列的阻力清单。人们迟疑着不愿请客户提供感言与推荐的理由有：你不想强迫他们，担心他们找不到赞美你的话，担心客户拒绝，担心竞争对手抢走你的客户，你没有足够的时间，你不知道怎样开口，害怕客户不允许你使用他们的姓名与公司名称，担心客户不会推荐你。

它们有什么共同点？

它们都是自我限制的信念。

在现实中，这些想法没有一个是真实的。但是你相信它们，遵守它们，因此你会按照它们来行动——抱歉，其实你根本没有行动。

曾经有一位客户——与我合作期间，这位分销商的收入超过1亿美元——十分害怕打电话询问客户的反馈。他觉得他们没有时间。他认为他们会拒绝。他害怕自己会把事情搞砸。一天，他终于拨通了一位客户的电话，发现客户因为能够与他交谈而兴奋异常。事实上，老板亲自给客户打电话，会让客户觉得十分荣幸。

我的绝大多数客户都觉得请自己的客户帮忙推荐令人不自在。有人会说：这么久以来，我一直不敢开口。万一搞砸了怎么办？凭什么要他们推荐我呢？可是，我请他们帮忙推荐我，这些客户照做了。我从来不会向后看。请你大胆开口。

抑郁症患者往往会在头脑中营造出虚假的现实。也就是说，他们总会夸大自己在别人心目中的负面形象。于是，他们每年、每周、每月、无时无刻不认为自己不受人喜欢、没有人爱，而且更糟的是不可爱。当然，事实上，人们喜欢他们也爱他们，只不过他们自己没有意识到。

自我限制的信念阻挡了我们的脚步。

自我限制的信念非常强大——几乎如此，流淌在我们的血液中。害怕被人拒绝也许是成功与成就的最大敌人。恐惧几乎战无不胜。它是如此强烈，以至于很难改变。

如果害怕被客户拒绝，我们就不能在办公桌前坐下并告诉自己：“我今天会打电话。”

恐惧会阻止我们这样做。

那么，我们应该如何应对如此强烈的自我限制的信念呢？

我们可以对它们做些什么？

我们必须将它们炸得粉碎。

我们必须将它们烧成灰烬。

要怎么做呢？

将它们换成同样强大的其他的信念。

试想一下：“我可以为现有客户提供巨大的帮助，我也应该帮助我的潜在客户。”或者是：“我具有巨大的价值，我的目标市场理应从中受益。”

创建属于你自己的信念。

写下能够促使你采取行动、摧毁自我限制的信念的正确信念。

现在就把它写下来。拿起笔，将它写在书页的空白处。赶紧行动起来。

如果你觉得自己受到了极大的鼓舞，可以写下多条信念。你可以在不同场合依靠不同的正确信念来克服不同类型的内在阻力。

记住：因为请客户进行推荐并给予积极反馈而觉得尴尬的人是我们，并不是客户。只有我们才会因此觉得不自在。客户很乐意帮助我们。我们只要让他们这样做就可以了。

本章小结

■ 阻碍我们收集客户感言和推荐——这些都是发展业务最有效的方法——的障碍主要与害怕有关，通常与害怕被拒绝有关。

■ 阻碍我们采取这项极其重要的行动的是自我限制的信念。事实上，这些信念都是不正确的。它们只存在于我们的脑海中。

■ 必须用同样坚定的正确信念来替换自我限制的信念。

■ 阅读下一章之前，将你坚守的正确信念写下来。可以写在这一页或是其他纸张上。花 60 秒写下一条或两条信念。

13 客户评价往往比你的自我陈述更积极

我常常带着客户和受众完成下面的练习。

拿出一张纸，写下一两句有关公司、产品和服务的话，然后回答问题：你是做什么的？贵公司是做什么的？

现在，在心里想一位优质客户的名字。这个人与你做生意有一段时间了。想一想这个人、其优先事项以及他的成功和失败之处。站在他的角度思考——想一想对他来说什么事情比较重要。明白了吗？现在站在他的角度，用几句话回答这些问题：

- 在与你做生意的过程中，他最喜欢的是哪一方面？
- 与你合作之后，他的表现得到了怎样的改善？

这个时候，多数人会说出省时、信任、可靠、值得信赖、关系以及其他与产品或服务无关的因素。客户在形容你的时候，谈论的是你的工作带来的影响，而不是工作本身。

现在回头比较一下你和“他”的答案。

谁的答案更有情感？

谁的答案更有趣味？

谁的答案会让你不由自主地去深入了解你的公司?

有趣的是，这两个版本的公司介绍都是你写的。同一个人，同一个大脑。当你从自己的角度出发介绍公司时，写的全是你做的事情。当你从客户的角度介绍公司时，谈论的是你的价值以及你能够提供的帮助。后者将为你带来更多收入。前者会将你商品化，让你变得十分无聊——连你自己都可能会有这种感觉。

事实上，客户对于你的产品和服务的评价比你自己的陈述更积极。这是因为，当你投入时间解决客户提出的问题、消除他们的顾虑时，他们感受到了你的价值。你始终认为客户的态度消极，因为这是你发自心底的想法。然而，绝大多数客户在与你合作的过程中始终感受到的是你的巨大价值。

要想成功发展业务，我们必须像客户那样多想想我们的价值。这是快速实现收入增长的关键之一。

我们必须开始像客户那样传递我们的想法。

我们必须开始描述产品和服务对客户产生的影响。

想了解像客户那样思考业务的最佳方式吗?

我们需要尽可能地聆听他们对我们的评价。我们必须让自己沉浸在客户的积极想法和感受之中。我们必须请他们告诉我们，与我们合作之后他们取得了怎样的改善。然后，我们必须倾听、吸收、沉浸其中并且开始酝酿。

在接下来的章节中，我将告诉你如何借助客户的评价揭示你的价值。

本章小结

■ 我们倾向于从产品和服务的角度来介绍公司。

■ 但是客户谈论的是他们从我们这里收获的价值。

■ 客户在介绍我们的时候，关注的是我们的关系、省时、业务增长、信任、可靠、值得信赖、支持和其他情感因素。

■ 客户的评价比我们的自我陈述更积极。

■ 收入增长的关键之一就是开始像客户那样思考和谈论我们的公司。

14 积极的评价带来神奇的魔力

转变思维模式最简单快捷的方式就是聆听客户对于贵公司产品、服务以及价值的描述。如果像我们在上一章所了解的那样，客户在谈及贵公司时比你更激动、更令人信服、更有效，那么我们就需要花些时间去了解他们的想法与感受。

客户会主动找我们投诉

不满意的客户会主动找我们表达他们的忧虑。我们无须请他们谈论自己的负面感受，他们自己就会找上门来。这就是人性。这就是为何服务生未能及时上菜或饮料，我们很快便会向餐厅经理投诉（客户会抱怨："一直都没有上菜！我再也等不下去了。我的朋友们只能干坐着！"）但如果服务达到了我们的预期，几乎没有人会致电餐厅经理，表扬他的员工。

我们向来喜欢抱怨，却会在事情如我们所期望时鲜少开口。

问题就在于，有问题的客户（这类客户极少）成了"会哭的孩子"，但是人们往往会无视满意的客户（绝大多数客户属于这一类)。因此，我们会花几周的时间听取不满意的客户的意见并为他们提供服务。我们自然会沉浸在消极的评价之中。

我们必须主动寻找积极的反馈

与满意的客户交谈时，我们会接触到大多数客户对我们所持有的高度积极的评价。这有助于抵消我们在一整天里自然而然产生的消极情绪。

我们需要获得满意客户的积极想法与感受：

我们必须主动去寻找。

我们需要为之腾出时间，询问客户在与我们合作的过程中最喜欢的是哪一方面。

如果我们不问，也许他们根本不会说。

即使他们真的说了，例如在电子邮件中称赞你，你也需要拿起电话，深入了解他们的赞扬，了解电子邮件背后的想法和价值。合作之初，我的客户往往就停留在接收电子邮件这一步，因为看到一些积极的反馈而觉得高兴。但是我告诉他们，我们需要了解为什么对客户来说这具有价值。这件事情发生之后，客户的表现有了哪些具体的改善？客户是如何取得进步的？

客户很少会打电话给我们，称赞我们工作出色，并确切地说明他们取得了哪些进步。他们很少打电话来说，我们帮助他们节省了时间或金钱。他们很少主动告诉我们，我们如何帮助他们改善了公司业绩或生活质量。

我们必须主动寻找这些反馈。

我们必须请客户告诉我们。

他们乐意与我们分享这一切。

细水长流

客户经常带着各种事情与问题找到我们。我们一直在回应这些客户并且受到他们的影响。

因此，我们希望能够形成由客户的亲口陈述所构成的稳定的价值流。

每月一次远远不够，因为客户投诉会使这一次谈话相形见绌。

我们的目标是实现连贯性：形成关于客户与你合作之后如何获得提升的稳定的信息流。

巩固人际关系

请客户谈论他们对于你们之间的合作的反馈，就是在巩固你们之间的关系。你告诉他们，对你而言，亲自抽时间了解你的工作成效是一件非常重要的事。你告诉他们，你很在乎这一切。竞争对手不会打这些电话。你是唯一一个会与客户进行此类电话交流的人。想一想此举的巨大价值。

此外，如果客户同意与你交谈，他们也是在巩固你们之间的关系。他抽时间告诉你，他对于你的价值的看法。他花了 10 分钟或 20 分钟赞美你，对你进行积极的评价。他说：是的，你可以在你的材料中引用我的评论。他允许你在介绍公司时提及他的名字。这位客户可能永远也不会离开你。

如果沉浸在积极的评价中会发生什么？

听到满意客户的积极想法和感受，我们的心态会发生变化。

我们会减少对于产品和服务的思考，更多地关注我们如何改善生活、提高公司业绩。

我们会减少对于需要解决的问题的思考，更多地关注为客户提供帮助的好方法。

我们会减少对于给人留下深刻印象的东西的思考，更多地关注价值的提升。

此外，一旦我们不断接触我们可以为客户提供的优质服务，就会变得更加大胆。

一旦变得大胆，我们就会更加自信。

我们会采取更多行动，完成更多的事情。

我们会毫不犹豫地拿起电话。我们再也不会担心这一通电话会打扰客户，因为他们很幸运，我们选择请他们来谈一谈我们带给他们的价值。

我们不害怕被拒绝，因为世界上满是我们可以为其提供帮助的潜在客户。如果这位客户拒绝了我们，还有成千上万的客户会点头同意。

一旦我们变得大胆、自信，就不会担心，我们会采取有益的行动。

我们会公开客户感言。

我们会请客户推荐我们。

我们会询问客户是否知道我们还有许多其他产品或服务值得他们购买。

我们会让世界了解我们的价值，允许人们利用、购买我们的价值。

如果能够一直获得客户对我们的积极评价，我们就会请他们扩大与我们之间的业务，因为他们值得享有更多的业务。我们可以进一步拓展业务。

我们可以更加成功。

我们的员工和同事可以赚取更多金钱。

我们的家人可以生活得更好。

我们可以去旅行。

我们的孩子可以就读优质的学校。

我们可以去不错的餐厅吃饭。

一旦我们变得大胆、自信，生活就会变得更好。

当我们与客户讨论合作过程中他们最喜欢的方面时，我们就会变得大胆而自信。

当你与客户交谈时，这一切都会发生。

我就是证明。

我的客户就是证明。

我的受众就是证明。

这真的很简单。

本章小结

聆听客户的声音，接纳他们的积极评价，沉浸在其中，变得更大胆，变得更自信，采取更多行动，增加你的收入。

第三部分

快速简单的收入增长技巧

15 22 种收入增长技巧的相通之处

既然你已经知道应该如何看待自己的公司、产品、服务与价值，就让我们开始深入了解能够帮助你实现收入增长的工具与技术。从这一章开始，本书将着手介绍如何扩大业务，我将教你用 22 种技巧实现收入增长。这些技巧具有相似的特点，首先，让我们来谈谈它们的共同点。

它们都属于沟通行为

我在这里详细介绍的所有方法都是向潜在客户传递产品、服务与价值的手段。这些技巧可以告诉你的现有客户与潜在客户，他们可以从你这里买到什么以及他们将因此获得怎样的改进。

我不会教你如何改进图标或者附属印刷品。

我会用不同的方式——电子方式、模拟方式以及老式的面谈——来告诉你的现有客户与潜在客户，他们可以买到什么以及为何需要购买这些东西。

一对一与公司对多

正如我们在第 2 章所讨论的，一种沟通行为是一对一的沟通，包括通过电话、电子邮件、信件以及面谈的形式亲自与现有客户和潜在客户进行直接沟通。然而，这些沟通并不是你一人的责任，而应该由所有面向客户的员工——管理人员、销售人员、客服人员以及营销人员（如果贵公司设有营销部的话）共同承担。

本书第三部分将详细介绍的另一种沟通行为是公司对多的沟通，主要是基于客户名单的沟通方式。你可以向一位或多位现有客户及潜在客户传递有关产品、服务和价值的信息。我的多数客户只安排了一位营销领袖来组织和维护这种沟通，从我以及企业主那里获取重要信息。你现在就能通过这本书从我这里获得信息。作为企业的所有者或领导者，请尽量确定最适合承担起沟通工作的人选。然后，就像我常常在项目中所做的那样，慢慢施展他们的才能，将重点放在建立客户名单（第 28 章和第 29 章）以及发送高价值的业务通讯（第 30 章）上。

重数量而非质量

在实现收入增长的过程中，数量胜过质量。人们接收的信息越多，会购买的产品就越多。你的收入与现有客户和潜在客户收到你推送的信息的次数成正比。当然，这一点并不适用于产品，产品信息必须准确、精细。不过，营销无须完美，只要能起到促进作用即可。因此，你将在本章读到一系列可以使现有客户和潜在客户能够尽早、经常收到你的信息的方法。

不超过 15 分钟

如果你已经读了开篇的几章，就应该知道我不会要求你每周抽出一天时间。

我甚至不会要求你每天花一小时来完成这项任务。

我只是建议你每天向某人传递一次有关产品、服务或价值的信息。一天一次沟通足矣。

每天只需要 15 分钟。

通常不会超过 5 分钟。

有时，你只需要在电子邮件中复制、粘贴客户感言，随后加上一句“我们谈一谈如何为你实现同样的价值吧”，然后点击“发送”。

仅此而已。你已经完成了今天的营销任务，现在可以回去收拾烂摊子，解决客户关心的问题了。

从片片雪花到暴风骤雪

现在我们来试想一下，贵公司多数面向客户的人员也完成了这些快速沟通任务。所有销售人员、所有客服人员、所有经理都做到了。我们将在下一章看到一些令人着迷的数据，但是请先将每次一对一的努力、每次拓展的业务范围都想象成一片雪花。与此同时，公司对多的沟通工作也在进行。这些雪花汇聚在一起，演变成一场强大的营销风暴，一次次地将你推到客户面前。最妙的是，你发送的是对方认为有价值的信息，而非销售宣传。他们会期待与你进行沟通。

与产品和服务一样，这些沟通也于人有益

你的产品和服务确实能够帮助人们，对吧？这些沟通亦是如此。事实上，最重要的一点是：向人们展示你的巨大价值，使他们要么开始购买你的产品，要么增加购买量，如果他们已经是你的客户的话。

你的产品和服务有助于改善人们的生活，增加公司收入也一样，营销也将如此。你将指导自己的现有客户与潜在客户如何改善工作与公司的不同领域。你会描述你的产品和服务将如何在为他们节省时间和金钱的同时增加他们的收入。你将使他们熟知所有可以从你这里买到的东西。

进行这些沟通，你不会觉得自己是在竭力推销、兜售或是浪费员工的时间。你会毫不犹豫地拿起电话，提出更多问题，或是发送更多的电子邮件。这些都是有价值的行动。价值可以带来收入。

这些技巧简单易行

接下来几章将要介绍的技巧既容易理解，也易于操作。我将

收入增长归结为一系列简单的单步行动，这些行动结合起来就能实现收入增长。如果技巧太过复杂，就会妨碍你采取行动。

中小企业往往会将收入增长的过程过于复杂化。

其实这并不难。

只需要让人们了解他们可以从你这里买到的一切以及因此将获得的改善就可以了。

这也是我们需要向他们传递的内容。

无须投入资金

几乎所有这些技巧都不会增加你的开支。

人们大多认为公司的发展离不开资金的支持，其实不然。

你只需要付出一些努力，投入一些关注即可。

这也是我要求你们做的事情：除了一些体力活之外，无须投资的一些意向性行动。

聚焦语言

这些技巧都属于沟通行为，因此语言便成为重中之重。你可以通过面谈、电话或是书面形式应用多种沟通技巧。后面的许多章节将向你传授可以最大限度发挥这些技巧的效用的措辞。请留意你所使用的措辞，用符号将它标记出来，将它变成你自己的语言。语言塑造了营销，而营销促进了收入增长。

好消息就是，我们无须完美地使用这些技巧——足够好即可。基本准备妥当之后，发挥它们的价值与作用，应用到外面的世界之中。扬帆起航，营销大师赛斯·高汀（Seth Godin）就通过演说创立了一份事业。他的选择是正确的。

没有错误的应用之法

你不可能将事情搞砸。这些技巧的应用之道不存在正误之分。与现有客户和潜在客户进行更多的沟通就是你的目标。让人们能够收到更多有关你的信息，这样他们就会从你这里购买更多的东西。选择何种沟通方式完全取决于你。你所尝试的一切都是正确的。不存在错误的内容，不存在错误的方法：我们只是在给予人们更多的帮助。

做你喜欢的事情，做能够带来效果的事情

第三部分提出了 22 种收入增长技巧。你不需要施展所有的技巧。你甚至无须应用其中的一部分。事实上，我甚至不在乎你会选择哪些技巧。

选一个你觉得听起来不错的技巧，放手一试。如果你喜欢它，而且它也能带来一些积极的结果，就进一步对其进行强化，增加使用频率。

如果你不喜欢它，就别强迫自己应用，因此无须再做尝试，

换一些你喜欢的方法。

如果你讨厌写作，那就避开书面表达。

如果你喜欢说话，那就尽量寻找机会以口头的方式来应用这些技巧。

如果你讨厌打电话，也许销售这个岗位根本不适合你。不过即便如此，你也可以尝试与写作和面谈相关的方法。

第三部分所列的所有方法都可以拓展你的业务。从任何一项着手都是不错的选择。

因此，在阅读这一部分时，请找到你认为不错的方法，然后进行尝试。要知道，从定义上来说，尝试具有暂时性，可以进行分析与调整。

做你喜欢的事情，做能够带来效果的事情。

收入将随之而来。

本章小结

- 本书所概述的收入增长技巧属于沟通行为，既包括从你到现有客户或潜在客户的一对一的沟通，也包括从你到一系列现有客户和潜在客户的公司对多的沟通。
- 这些方法快速、免费、简单。每天所花时间不超过 15 分钟，往往很快就能完成。
- 此类营销工作旨在如同你的产品和服务那样向现有客户和潜在客户提供帮助。

■ 侧重能够奏效的方法与你所喜欢的工作。如果你不喜欢某种方法，就无须再做尝试。你究竟选择哪一种沟通技巧并不重要，只要系统地与现有客户和潜在客户进行沟通即可。

16 编排一支属于你的收入增长之舞

第三部分将介绍22种拓展业务的技巧。

其中一些应由面对客户的员工以一对一的方式实施，一些应由公司传递给客户群，另一些如沟通客户感言与案例分析，既可以选择一对一的形式，也可以选择公司对多的形式。

作为该过程的实施者，你的工作就是编排一支出色的收入增长之舞。

你希望每位舞者都能踩着正确的舞步，与其他人同步朝着正确的方向前进。

因此，下文列出了有关组织与执行顺序的一些细节：

1. 首先，与同事们一起回顾各种一对一技巧，让他们挑选自己想做的事情。不必关注他们会选择哪些技巧，只要他们每天都能应用本部分列出的一种技巧即可。

2. 请思考可以实现自动化操作的一对一沟通。例如，可以在报价单或提案中添加“客户感言”项，使它们自动出现吗？可以让IT人员在你的电子邮件签名中加入“客户感言”项或者“您知道吗”系列问题吗？一对一交流的自动化程度越高，传递的东西就越多。

3. 接下来，收集或审核你的客户名单并且确保名单清晰完整。

4. 首个公司对多的行为最好是发送一份高质量的业务通讯，我们将在第 30 章讨论这一点。每两周应该发送一份此类业务通讯。

5. 同时启动业务通讯与员工的一对一沟通十分重要。因为我们希望面向客户的员工可以从这些业务通讯中受益，而一对一沟通可以提高业务通讯的有效性。

6. 在你可以快速地撰写出优秀的业务通讯之前，业务通讯应该是在公司对多这一层面采用的唯一的沟通方式。再次重申：起初，只给名单上的客户发送业务通讯。当工作进展比较顺利后，你就可以将客户感言、案例分析、白皮书、网络研讨会和视频等内容增加到沟通信息之中。首先搞定公司业务通讯。这是你可以采用的最重要的客户名单沟通方式。到目前为止是这样。

7. 跟踪结果，尤其是一对一的结果。我们将在第 44 章和第 45 章详细讨论这个问题。

了解了这些细节之后，请继续阅读第三部分剩下的章节，寻找你喜欢的技巧。想一想你可能喜欢使用哪些技巧，哪些可能会取得成功。

然后，放手一试——一次一种。

就是这么简单。

准备好了吗？

那就开始行动吧！

（以后再考虑成功率。）

本章小结

- 理想情况下，所有面向客户的员工都要采取这种沟通行动。
- 你的工作是通过合理安排，同时采取一对一与公司对多的行动。
- 营销主管应该负责公司对多这一沟通渠道。
- 先搞定业务通讯，再将其他沟通内容添加到公司对多的渠道之中。

17 第 1 招：获得客户感言的艺术与学问

要想改变我们的思维方式，我们必须走出去与满意的客户交谈。你可以这样做。

最佳方式是电话沟通

不要通过电子邮件提问，因为你希望听到客户的声音并且进一步跟进他提出的问题。

面对面沟通当然也可以，但是在这种情况下记笔记有点困难。如果你可以自如地记笔记，这么做没有问题，可是……

此类对话最适合通过电话沟通来进行。

你可以进一步跟进。

你可以一边听一边记笔记。

如果你愿意，还可以将通话录下来。

5 ～ 10 分钟即可

平均每分钟你可以处理一份客户感言。这意味着你不需要花半小时或一小时去采访客户，你只需要花 5 ～ 10 分钟提出几个我稍后会介绍的问题即可。让他们很容易就答应向你提供反馈。5 ～ 10 分钟没有威胁，让人很难拒绝。对话尽可能简短，最终的结果将为你带来新的收入！

联系优质客户，而不是愤怒的客户

请记住，我们需要与优质客户，而不是小客户、沮丧的客户、愤怒的客户或者完全不在意商业关系、一心只追逐最低价格的客户进行此类对话。你可以与合作最久的客户、最热情的客户以及所带来收入份额最大的客户进行此类对话。但是，如果小客户对你也很满意，亦可与他进行简短的对话。这样做只有好处，没有坏处。

建立你自己的客户对话

有两种简单的方法可以帮助你了解满意客户的想法和感受。

方法 1：安排好对话事宜

确定前 10 位（前 5 位或者前 23 位也行，这无关紧要）客户。

给他们发送一封简单的电子邮件，大致内容如下：

“我正在联系我们最优质的客户，您就是其中之一。我们正在努力改善我们为您提供的服务，以及我们讨论工作的方式。我非常重视您与我们合作过程中的体验和反馈。周四早上能占用您 10 分钟时间聊一聊吗？只是了解一下您对于我们现有服务的看法。这对我们很有帮助。先谢谢您了。”

这样的安排令人感到荣幸，而且不会给人任何压力。绝大多数收到这封电子邮件的人不会拒绝。

方法 2：在现有对话中增添内容

你每天都会与客户交谈，对吧？

在现有对话结束之前加入有关“积极反馈”的谈话：

“嘿，汤姆，可以占用您 5 ～ 10 分钟时间吗？您是我们最优质的客户之一，我想请您就我们的合作给我一些反馈意见。我们已经合作很久了，了解我们现在的服务质量对我来说很重要。我现在可以问您几个简单的问题吗？”

你再次让客户觉得你的要求令人愉快。当然了，你是在请他帮忙，但你在这个过程中赞美了客户。

如果用这种方式与客户交谈，几乎没有人会拒绝。

开始对话

对话开始时，设定积极的基调。

“正如我所说的，我正在与少数几位最优质的客户进行这样的沟通。我想了解您对我们工作的看法，以及我们的合作为您带来了什么好处。您的回答没有好坏对错之分。请告诉我您的真实想法。可以吗？”

你的客户会答应的。

请求允许录音

这个简单的问题非常重要，一定不能省略。我们必须请求对方允许我们录下对话的内容：

“顺便问一句，我可以录音吗？”

几乎所有人——与我通话的 1 000 人中有 995 人都会同意。

然后，记得按下录音键。

我是这样做的。

我通过电脑上的 Skype 软件拨打电话。我使用的是 Ecamm 公司的录音插件。这款软件叫作 Skype 通话录音（Call Recorder for Skype，很有创意，对吧？），你可以在 www.ecamm.com 上下载免费试用版，然后以不到 30 美元的价格直接购买。我使用的耳机品质很好，没人知道我其实并没有使用电话。

我之所以这样设计是因为录音结束之后，录音文件就已经保存在电脑中。然后，我通过通话录音软件附带的简单工具将其转换为 MP3 文件，这样就可以轻松地通过电子邮件将音频文件发送给客户或是直接分享给他们。你也可以与员工、经理或同事分享你的通话录音。

操作顺序十分重要。

首先，使用上一节介绍的语言为通话做好铺垫。让客户不会对你正在做的事情感到反感。然后获得录音许可，在理想的情况下，录下客户允许你录音的内容。因此，先按下录音键，然后请求客户的允许，这样就能将它也录下来。

记笔记

由于录音软件会录下整段对话的内容，因此你不需要记笔记，不过我喜欢这样做。这是因为与回放录音比起来，浏览笔记的速度更快。我还发现，书面笔记更便于阅读与转换成客户感言。

此类对话的重点就是：将它们变成书面客户感言和案例分析。因此，在与客户交谈时，请尽量记好笔记。

如果不巧发生了技术故障，笔记还能作为录音文件的备份。

关键问题和跟进技巧

从这个简单的问题开始："在与我们合作的过程中，您最喜欢的是哪些方面？"

客户可能很快就指出两三个主要的价值领域。他可能会说：

- 你总能按时交货。
- 我总能找到人解决问题。

■ 我知道只要我请你做某事，之后就再也不用担心了。

这些都是常见的例子。客户喜欢与你合作的原因可能有许多。你的工作就是以客户提到的两三项内容为线索，深入探索。深入挖掘每一项，抽丝剥茧，不断展开。你希望了解客户提到的每一项价值为他带来了怎样的改善，以及为什么这对他来说很重要。

所以，你要像与朋友共进午餐时那样，开始跟进这些问题：

“有意思。为什么按时交货对您来说很重要呢？”

“我们按时交货之后，您获得了怎样的改进？”

你可能知道这些问题的答案，但是这并不重要。我们需要借客户的口来说出这些话，这些话与他的名字联系在一起。你可以告诉我，按时交货会让客户满意，这不重要。我需要的是由你的客户来告诉我，因为你总能按时交货，他的客户感到更为满意。发现不同之处了吗？你在推销。你的客户只是在分享他的经验。

我已经打过数以千计的此类电话，我知道每次客户都会说些什么。我可以一字不差地告诉我的客户，他们的客户会怎样回答我提出的问题。不过没关系。为了改变客户的行为，使他们能够掌握强大的营销工具，我需要他们从他们的客户那里听到这些答案。我需要带有人名和公司名称的客户感言。

你也一样。

尽可能量化一切内容

如果客户说你帮助他们节省了时间，那就请他们估算一下节省了多少时间。如果他们不确定，就请他们大致估算一下。只要你开口问，他们会这样做的。再次注意，数字是否完全正确和准确并不重要。因为这条信息是由客户说出来的，所以它是事实。

如果客户说你帮助他们节省了金钱，那就问问他们与普通供应商或合作伙伴相比，与你合作之后他们大约节省了多少开支。

如果客户说你帮助他们拓展了业务，那就问一问他们拓展了多少业务。"您觉得您的收入中有多大部分是因为与我们合作而取得的？"

"变动范围"（ballpark）这个词非常有用。我们只是在寻找近似值。这只是一个想法。

带有情感

我们想要了解客户的想法和情感。

"与我们合作之后您每天可以节省一小时？[相当普遍的回答！]哇！棒极了。您觉得怎么样？感觉如何？"

如果你不习惯这么做，也很正常。请记住，你的客户也许根本不会如你一般对这次谈话感到不快。你的客户可能早就考虑过这些问题。

请客户描述你的公司

以下是了解客户会如何推销贵公司的好方法。问问他："您会怎样向另一家公司与您岗位相似的人描述我们公司？您会对类似公司处于类似职位的人说些什么？"

他们经常提到诚信、可靠、关系、时间表以及其他令人难以置信的价值特征。

三个情绪词

最后可以问一个很棒的问题："提到与我们的合作，您最先想到的三种感受是什么？"

极好的问题，完全开放，让客户可以自由发挥。

仔细聆听，然后跟进，询问他为什么会选择那些有趣的内容。

大力跟进

整个对话过程中，你的工作就是成为他的听众。真正静下心来，听一听客户说了什么。

然后提出很多后续问题。

如果你的朋友在午餐时告诉了你一些非常有趣的事情，你一定会跟进并深入讨论他的评价，对吧？我们也要这样做。

问问他："为什么这么说？"

"为什么这对您来说很重要？"

"这对您有什么帮助？"

"您得到了怎样的改进？"

有时我会用五种不同的方式跟进。

客户不会谈论的内容

我可以在完全不了解你的业务的情况下与你的客户进行此类

谈话，因为我们谈论的不是你的产品和服务。在这些有关客户感言的对话中，客户根本不会谈论你的产品和服务。他们会谈论你的价值、他们获得的改进、你们之间的关系以及你对他们的关心，会谈论与你合作之后他们取得了怎样的进步，而不会谈论你所销售的产品或服务的细节。

这是我希望你与客户交谈的一个重要原因，我希望你能够体会到他们认为重要的事情。重要的不是你的货物——那是商品。客户谈论的是使你变得独一无二的事物：他们感受到的你不可思议的价值。

获得分享客户感言的许可

得到你需要的内容之后就可以结束对话，询问本章中可能最重要的一个问题：

“非常感谢您的见解和反馈。对我们来说，它们非常有帮助有价值。谢谢您抽出宝贵的时间。我们可以在材料中使用您的一些评价吗？”

正如我们在前文中提到的，95%的人会同意，4%的人会要求先看一看他们的评价，只有1%的人会拒绝。

如果想要公开使用带有客户姓名与公司名称的客户感言，你只需要这一份许可就行了。你不必再次询问客户。如果你在谈话结束几天或几周之后再次询问他们，他们很可能会拒绝。一旦得到了他们的许可，再次征求许可的理由就只是你自己的不安全感。请记住，对于这个过程，你可能比客户更觉得不舒服。客户很乐意给出积极的评价，但是你在请求他们做出积极评价的时候比他们更尴尬。不要将你的不适投射到客户身上。他们已经允许你使用他们的感言了。现在就开始行动吧。

例如，如果现在你将客户感言放在了公司的网站上而客户要求你删除这段话，不要问为什么，立刻照办。

如果客户说你不能公开使用他的感言，那就问问他可不可以私下分享。“我可以通过电子邮件私下里将您的感言发送给我们精心挑选的潜在客户吗？”

如果客户拒绝，再问问能否匿名使用他的评论，因为即使这样也比根本不使用感言有价值。

没有错误的做法

我在这里为你准备了一些非常具体的问题和方法。

你要明白：确实存在正确、准确地进行此类对话的方式。

但是与此同时，不存在错误的做法。

倾听客户的心声，体会他们的经历、认知和赞美。

允许自己沉浸其间，真正地去思考他们对你的看法有多么积极。

如果你没有做到带有情感和量化一切怎么办？

如果你的做法不完全正确怎么办？

重要的是，要允许客户描述在与你合作的过程中他们最喜欢的方面。捕捉他们的想法。确保得到了分享他们想法的许可。

这才是最重要的。

本章小结

■ 收集客户感言时的关键问题：在与我们合作的过程中，您最喜欢的方面有哪些？

■ 答案将为你提供深入探究的线索。

■ 倾听客户的回答，你只要在场就行了。

■ 询问后续问题：为什么？这对您有什么帮助？我们的这种做法会为您带来怎样的改善？

18 源自样本客户访谈的经验

本章收录了我代表客户进行的真实客户感言对话的文本。这次访谈发生在我撰写这本书前的几个月。为了保护这位慷慨且乐于助人的客户的隐私，我对关键信息进行了概括和修改，并提供了注释。

首席执行官与企业主

对方（就让我们叫他汤姆·约翰逊吧）是我的一个制造商客户的常客，也是一家公司的所有者和首席执行官。汤姆在公司的许多工作中都会使用我的客户的设备。让我们暂且称呼我的客户为 X 公司。汤姆经常感受到来自客户的压力。如果制造商延迟发货或是订单错误，他就要面对来自客户的不满，因为他们的工作无法继续进行下去。反过来，他也会严厉惩罚他的制造商。这份工作压力很大。他欣然同意接受有关他与 X 公司合作经历的采访。

我明确表示我代表我的客户 X 公司，但就算是 X 公司的老板来提问，也不会有太大的差异。

我：汤姆，谢谢您抽时间回答我的问题。对此，我真的非常感激。如您所知，X 公司只与其最好的客户对话，而您就位列其中。

汤姆：哦，太棒了，谢谢，我不知道他们这么重视我们！

我：我们正在努力改善服务以及我们讨论工作的方式。如您所知，设备制造并不是世界上最迷人的行业，我知道取得改进的最佳方式是与您交谈并获得您的反馈，也就是我们现在正在做的事情。我只是想听听您的观点和感受，没有什么标准答案。请您根据实际情况回答。我们会聊 10 分钟左右，然后结束通话。可以吗？

（注意：我正在毫不费力地进行铺垫，也在快速、轻松地为获得对方的同意做小小的准备。）

汤姆：当然可以。

我：好极了。我可以对通话进行录音吗？

汤姆：没问题。

（注意：再次在之前获得肯定的基础上快速、简单地获得对方的同意。这是一种不断肯定的模式。在成千上万次的客户访谈中，拒绝我的客户用两只手就能数得过来。提醒你在对话开始时就启动录音装置，以便录下对方同意录音的许可。）

我：汤姆，我们已经合作了很长一段时间，非常感谢您的支持。是什么让您一直保持与我们的合作？在与我们合作的过程中，您最喜欢的方面是什么？

汤姆：主要是因为你们的区域销售代表每年会来访四次，这里的每个人都把他当成了好朋友。我们会坐下来讨论产品和业务。

（注意：这是一个很好的表面回答，有逻辑，但是没有情感，访谈通常就是这样开始的。现在让我们开始深入研究。）

我：为什么这很重要呢？

汤姆：嗯，销售代表的背后是一家能够说到做到的公司。你们对我的要求做出了回应。我们所在行业中发生的一切都是燃眉之急，对我们来说，找到一家能够回应我们并且说到做到的公司非常重要。你们说发货就能发货，而且你们很少打电话回访。我会在这些方面给打你五星。

我：你有多少供应商，汤姆？

汤姆：50 个。

我：在响应能力、可用性、航运及时性等你刚才谈到的方面，X 公司可以在 50 家公司中排第几位？

（注意：看看我是如何为这些问题做铺垫的。我想知道在刚刚获得汤姆热情赞美的方面，我的客户可以得到怎样的排名。在他说出口之前，我就知道 X 公司的排名会很靠前。）

汤姆：排在第一位。

我：太好了。为什么呢？

汤姆：你们为像我们这样的客户提供了我们所需的非常丰富的产品，而且在这方面做得非常好。我们必须整装待发进入市场，为我们的客户解决问题。X 公司为我们整理好了行装。

我：酷，整装待发！我们是怎么做的呢？

（注意：我在这里问的问题几乎无关紧要。我只是想让他继续说一些有关我的客户的好话。）

汤姆：X 公司确实在创新，不断推出新的产品。有好几次，你们向我们介绍了我们根本没想过的新想法，帮助我们赢得了销售订单，甚至解决了其他人无法解决的问题。

我：所以我们帮助您卖掉了原本无法成功销售的产品？这是否意味着我们帮助您发展了业务？

汤姆：是的，X 公司帮助我们实现了业务增长。我们的模式很简单：我们需要将购买产品的人群与提供产品的人群联系起来。这类产品越多，我们的效益就越好。事实上，X 公司帮助我们处理了更多的工作，并且帮助我们使我们的客户表现得非常优秀。

（注意：很酷吧？！ X 公司不仅让汤姆表现优异，还帮助他使他的客户表现得很好。这一点极具价值！现在，让我们试着将它量化。）

我：听您这么说我真开心。我很好奇，您认为我们帮助您增长了多少业务？

汤姆：哦，那很难说，我不知道。

（注意：不要放弃。坚持不懈，再问一次。换一个客户容易回答的方式来问这个问题。）

我：给我一个大致范围就行。我不需要精确的数字。没人会去审计。您觉得与我们的合作为您带来了多少新的收入？

汤姆：如果非要给个数字的话，我觉得是23%。

我：就是说，我们的工作为您贡献了23%的新收入？

汤姆：是的，我觉得完全可以这样说。

我：每年吗？

汤姆：是的。

（注意：这是多么强有力的证明啊！X公司贡献了23%的年度收入增长！）

我：您之前这样想过吗？

汤姆：说实话，没有。

（注意：我们早就知道答案了，但是它为下一个问题做好了铺垫。）

我：您觉得怎么样？感觉如何？

汤姆：我觉得太棒了，不是吗？50个合作伙伴中的一个为我贡献了23%的总增长！太令人吃惊了。

我：合作伙伴这个词有点意思。您将X公司视为销售商还是合作伙伴？

汤姆：当然是合作伙伴了。

我：两者有什么区别吗？

汤姆：销售商只负责销售产品，合作伙伴则会关心你。合作伙伴会关注你的利润增长，并尽其所能地帮助你实现增长。合作伙伴了解你、你的公司、你的产品和你的客户。

我：太好了。X公司能做到这些吗？

汤姆：当然了。对我们来说，X公司远不止是销售商。你们是我们的合作伙伴，是朋友。

我：哇！为什么您觉得它是您的朋友呢？

（注意：我只是在倾听和跟进，就像和朋友喝酒时那样。听取客户的意见，然后尽力跟进，仅此而已。非常容易做到。）

汤姆：瞧，我们已经连续 25 年订购你们的产品了。我和你们公司老板以及他们的家人都有私交，我们会共进晚餐。我很高兴能和他们在一起，我们是朋友。这在商场上是很少见的。

我：谢谢，汤姆，这真是太好了。我想问您一个问题：如果您与您的同行，也就是其他地区一家类似公司的老板，一个与您没有竞争关系但是在其他地方与您做着相同事情的人聊天，您会如何描述我们？关于我们，您会对这个人说些什么？

（注意：我在要求这位客户推荐 X 公司，我想知道他会使用怎样的语言。）

汤姆：我会说，如果你想获得准时交付的高质量产品，并且希望得到诚实、体贴、负责的优秀员工的支持，你就应该与 X 公司合作。我会极力推荐你们。

我：太好了，谢谢。

汤姆：你知道吗，我想说 X 公司始终陪伴在我们身边。不是说我们之间没有任何问题，因为你和任何人之间都会出现问题，但是 X 公司会站出来解决问题。你们不会寻找最简单的解决方法，而会寻找正确的解决方案，即使这会耗费你们更多的金钱或时间。你们每次都会做正确的事情。很多时候我们还没开口，你们就已经这样去做了。你们会主动解决问题，这一点很了不起。

（注意：他主动提供了这些信息，我并没有提出要求。一旦客户形成了良好的节奏，并真正开始思考他的经历，这种现象就会在此类对话中经常出现。即便如此，也让我们助他一臂之力，让他能够走得更远。）

我：那是什么感受呢，汤姆？是放心吗？

汤姆：当然。我知道只要我向你们下单，就不会耽误我的客户。你们总能按时送货，这样我们就能将货物送到我们的客户手中。

我：汤姆，与 X 公司合作对您的工作有帮助吗？

汤姆：你们帮助我让我的客户满意。不仅如此，你们还能让我的客户的客户满意。

我：这对您来说意味着什么？

（注意：这个问题怎么问都显得不够。）

汤姆：我觉得棒极了。它代表信任，让人有温暖舒心的感觉。

（注意：没错，即便是经验丰富、技巧高超的强硬客户也会这么说！）

我：只剩最后几个问题了，汤姆。非常感谢您抽出宝贵的时间和我分享这一切。请问提起 X 公司时，您的脑海中最先想到的三个与情感相关的词是什么？

汤姆：天啊，情感？！

（注意：我在每次采访中都会抛出这个问题，半数以上的受访者都会有这样的反应。）

我：是的，您想到的任何词都行，可别想太久哦。

汤姆：好的。嗯……

可靠。

友谊。

好人。

（注意：这些词不言自明，但是如果你还没有进行深入研究的话，就其中一个词进行跟进并没有什么坏处。）

我：很好，这些词都很棒。您为什么会提到好人呢？

汤姆：嗯，就像我们一直讨论的那样。我知道你们支持我，我知道你们不会让我失望，我知道你们会处理我们可能遇到的任何问题。

我：汤姆，非常感谢您抽出宝贵的时间。非常感谢您的见解和反馈，对我们来说，它们非常有价值。

汤姆：不客气，很乐意帮忙。

（注意：表示感谢之后，请求对方允许你使用他的精彩评价。）

我：我们可以在材料中使用一些您的评价吗？

汤姆：［没有一丝犹豫］当然可以！

根据本次客户访谈总结的经验

现在，让我们来回顾一下这次访谈的要点。

这位客户与你的其他优质客户并无不同

如此积极的访谈不是例外，而是正常现象。

我已经进行了数千次此类访谈，我要求我的客户事先告知其最优质的客户，我会给他们打电话。拨通电话之后，我就会用这样的方式进行采访，几乎无一例外。客户使用的语言和形容词各不相同，但是正面评价的基调始终不会发生变化。只要采用我提出的这些问题，你也会得到同样的答案！

这是大多数客户对你的看法。

这是他们向你表达的感言。

你的客户很乐意提供这些信息

一旦开启对话，你立刻就能感受到：客户很容易也会很自然地提供这些信息。你们的谈话很愉快。他们不会搜肠刮肚地找词来赞美你，然而这些赞美之词顺畅、自然、快乐地流露。因为你选择他们提出这些问题，他们觉得倍感荣幸，很乐意分享自己的看法。即便之前并没有告诉过你，他们也早就考虑过这些问题。

不要觉得你是在强迫客户给出积极的反馈。你的努力给他们留下了深刻的印象，他们会很乐意花 5 ～ 15 分钟时间与你分享他们的想法。

这位客户没有提到什么?

回头再看看通话记录，它基本上逐字转录了我最近为一位客户所做的访谈（不过它可以代表我与向我的客户购买产品的企业所有者进行的访谈）。汤姆没有提到什么?

产品。

服务。

规范。

技术。

相反，他谈到了关系、友谊、可靠、值得信赖和可用性。

这也是你应该谈论的内容。

试着像这些满意的客户一样谈论你的价值

这类令人愉快的反馈听得越多，你就越能因为耳濡目染而有意识地吸收这些信息，因为它会慢慢渗入你的大脑，无论是有意识的还是无意识的。访谈样本中的客户汤姆在 X 公司的价值这个问题上说了实话。他没有理由撒谎。他在用自己的资金投票，而他的选择始终是 X 公司。你关注的是你的产品和服务，但你的满意客户关注的是你带给他们公司以及他们个人的价值，你的客户关注的是你如何改善他们公司的业绩与他们的生活。你必须将你的注意力和沟通内容转移到这些方面。它们比你的产品和服务更有趣、更吸引人、更易令人产生共鸣。

客户感言

下面是我从这段访谈中摘选出来交给客户广泛使用的客户感言：

■ “X 公司的销售代表经常来这里，这里所有的人都把他当成了自己的好友。我们会坐下来聊天，而且往往会谈到产品和业务。”

■ “X 公司说到做到。他们会对我的要求做出回应，只要他们答应就一定会做到，而且他们很少打电话回访。X 公司在这些方面均能获得一颗金星！”

■ “在 50 个供应商中，X 公司是我们的首选。”

■ “X 公司在提供我们所需的非常丰富的产品方面做得很好。X 公司为我们准备好了行装，帮助我们进入市场，为我们的客户解决问题。”

■ “X 公司确实在创新，不断推出新的产品。有好几次，他们向我们介绍了我们根本没想过的新想法，帮助我们赢得了销售订单，帮助我们为客户解决了其他人根本无法解决的问题。”

■ “X 公司帮助我们发展业务。他们帮助我们处理了更多的工作，让我们使我们的客户表现得十分优秀。”

■ “X 公司为我们贡献了 23%的年度收入增长！我觉得那太棒了，不是吗？”

■ “对我们来说，X 公司绝对是一位合作伙伴。销售商只负责销售产品，而合作伙伴会关心你。合作伙伴会关注你的利润增长，并尽其所能地帮助你实现增长。X 公司就为我们做了这些事。”

■ “对我们来说，X 公司远不止是销售商，还是合作伙伴与朋友。”

■ “我把 X 公司的人视作朋友，这在商场上很少见。”

■ “X 公司始终陪伴在我们身边。他们会站出来解决问题。他们不会寻找最简单的解决方法，而会寻找正确的解决方案，即使这会耗费他们更多的金钱或时间。”

■ “X 公司每次都会做正确的事情。很多时候我们还没开口，他们就已经这样去做了。他们会主动解决问题，这一点很了不起。”

■ “X 公司棒极了。我信任他们，与他们一起工作带给我温暖舒心的感觉。”

■ “想到 X 公司，我就会想到可靠、友谊和好人。”

■ “我知道 X 公司在背后支持我，我知道他们不会让我失望，我知道他们会处理我们可能遇到的任何问题。”

回顾客户感言

下面列出了将客户访谈转化为此类客户感言的最佳方法。

简短的聊天可以带来很多客户感言。上述详细采访实际上只花了不到 15 分钟。它带来了 15 条非常优秀且强有力的评价。平均每分钟一条。你可以把这当成一个不错的目标。因此，如果你打算与客户交谈 5 分钟，就应该可以获得 5 条优秀的客户感言。

客户感言要简短。一条优秀的客户感言可以只是一两句话，而不需要是一个段落。你当然可以采用一段式，但我发现这样一来，读者的注意力会分散。所以，客户感言要精练，将你在每次谈话中获得的客户感言的数量最大化。记住，客户感言与所有的市场营销活动一样，数量就是你的目标。

可以做一些改动。不要因为你必须一字不差地使用客户的措辞而担心。你必须保证不对客户传递给你的意思做出任何改动，但是在语言的使用上你可以有一些自由。例如，你可以把位

于谈话不同部分的句子结合起来，只要它们组成的句子能够说得通。你可以修饰客户的语言和语法，使它们听起来更睿智。你可以看看我是如何根据访谈撰写上述最终版客户感言的。几乎没有一条是100%的原话。但是每一条感言都有99%的内容是客户说过的，我只做了小小的调整、组合与编辑。你不能更改句子的意思，但是可以选择更好的结构和说法。在成千上万次这样的访谈中，客户的客户从来没有对我的编辑表示过不满。毕竟，我引用的话他们全都说过！

*你还有什么更好的内容要补充？*关于你的公司，没有什么介绍比这些极具价值的客户感言更有效了。对你的公司，我没有更好的补充。满意客户所说的话是我们最强大的营销语言。除此之外，你还能了解他们对你的看法，这也是十分重要的价值。最终，你也会像你的客户那样，开始考虑你的价值！

*就收入增长而言，此类客户访谈是最好的时间投资方式。*花10～15分钟去听一听一位客户对你的赞美之词，就能产生10～15条强大的客户感言。时间的投资回报率非常不错，对吧？

你将在下一章了解到适合展示客户感言的各种绝佳场所。

促进收入增长的语言：客户感言

下面任何一项都足以帮助你找到两三个可以深入探讨的线索。

宽泛的大问题

- 和我们一起工作的时候，您最喜欢的事情是什么？
- 在与我们合作的过程中，您最喜欢的是哪些方面？
- 我们已经合作了很长一段时间，是什么让您一直保持与我们的合作？

在之后的对话中，试着问问这些问题：

- 您有多少个供应商？您会将我们排在第几位？
- 您会怎样向您的一位同行——在另一家公司中处于类似职位的人——描述我们公司？您会说些什么，让那个人产生“哇，我真的应该和他们一起工作！”这样的想法？
- 与我们合作有助于您拓展业务吗？
- 与我们合作帮助您节省时间了吗？

后续跟进问题

倾听客户的回答——真正的倾听——然后提出下列各类问题：

- 有意思，您为什么这样说？
- 它对您的工作有怎样的帮助？
- 之前您这样想过吗？这让您感觉如何？
- 如何？
- 为何？
- 跟我说说……

将问题量化

如果客户说你为他们节省了时间或金钱，你就可以问：

- 让我们来试着将它量化。您说和我们一起工作可以帮您节省时间，您能大致估算一下节省了多少时间吗？

■ 与典型的供应商相比，与我们合作使您的速度提高了多少？

■ 很高兴我们能够帮助您实现业务增长。请您大致推测一下，我们为您带来了多少收入？

本章小结

■ 客户喜欢和你做生意。你的工作就是让他们解释原因。

■ 每当竞争者给你的客户打电话时，客户都决定继续与你合作。他们早在头脑中列出了与你合作的详细理由，你的工作就是让他们对这些理由做出解释。

■ 注意客户谈论的内容（价值）和他们不谈论的内容（产品、服务、价格）。

■ 采用像客户那样的说话方式，你的业务就会增长。

19 第 2 招：晒出你的客户感言

既然你已经知道如何与客户进行轻松的交谈并从中获取新的客户感言，那就让我们来谈一谈如何使用这些感言。

如果没有人看，即便你收集了无数的客户感言或是在网站上挂满这些感言，也无济于事。

客户感言就像名流，曝光率越大越好。

还有另一种比喻：没被看到、读到的客户感言就是横倒在林中的树木。如果没有人看到客户极其强大的话语，就好像你根本没有得到过他们的感言。

应该如何对待客户感言？

很简单：你应该把它们传递给那些可以从你这里购买产品或服务的人——用尽可能多的形式尽可能广地传播。还有，别忘了将这些精彩的客户感言推荐给公司的员工。

在公司内部交流客户感言

正如第 17 章和第 18 章所述，如果能够让你的员工和同事知道客户对你们公司惊人的认可度，他们对公司的想法就会发生改变，他们的行动水平就会提升。他们会变得更大胆、更自信，并会采取更多行动（见图 19-1）。

图 19-1　客户感言的双向力量

这里有一些在公司内部交流客户感言，从而改变员工心态和行为的简单办法。

总裁发送每周纪要。我的客户采用的最强大的思维方式转变工具之一就是企业主定期向所有员工发送简单且简短的电子邮件。电子邮件包含两项内容：一份客户感言，以及一两条从这份感言中提取的信息。一位客户告诉我，这种方式可以让人们“专注于我们擅长的事情”，“因为我们往往会忽略这一点”。

每月分享访谈录音。我的一个客户喜欢在每月一次的员工会议上播放一段我采访他的客户的完整录音。坐在那里的员工惊呆了，几乎全被深深地迷住。他很早就告诉过我，他从未见过员工在他讲话时表现得如此专注！让你的员工听一听整段对话，体验一下访谈是多么流畅，客户是多么乐意分享他们善意的评价，以及他们对你团队的工作是多么满意。

传阅客户感言集。将根据客户访谈内容总结的所有客户感言整理成一个文档，打印之后分发给所有人。你会发现人们把它放在桌子上。在经历了困难的电话访谈之后，它将是人们能够反复提及的一项宝贵的专业资源。这是一种精神上的提升，是对员工的价值和能力的证明。

创建客户感言中央资料库。创建一个电子表格或制作一系列幻灯片，将所有客户感言收录进去。让人们能很容易地访问这个资料库，这样他们就能接触、享受和利用这些强大且积极的有助收入增长的语句。每当人们想要向外界传递你的客户感言时，就会来这里寻找资料，这也是本章接下来的重点。

经验法则：公司发送的所有信息都应包含客户感言

客户感言可以使公司发送的所有信息变得更强大。

这就意味着，基本上现有客户和潜在客户看到的一切信息都应包含客户感言。

客户感言使你的材料变得更强大、更有趣、更吸引人、更真实、更突出、更能令人产生共鸣、更能建立联系，也更完美。因此，请把它们加入所有信息，加入所有资料的每一页。

没有不适合放客户感言的地方。

下面列出了客户感言的一些传递方式。

客户感言指南

1. 列明客户姓名、职务和公司名称。否则，我会怀疑你在隐瞒什么，或者这些客户感言都是你自己编造的。客户已经允许你在材料中使用他的评价了，你可以放心地引用。

2. 一般来说，客户感言只要两三句话就够了。但是感言的长短没有对错之分。只要你能够和他们交流，哪怕客户感言足有半页之长，我也没有意见。

3. 选择哪个客户的感言都行，这一点并不重要。不要将太多时间花在决定传递谁的感言上。选中一条，复制、粘贴、发送。

4. 直接向别人传递（这就是我所说的主动的客户感言沟通，参见下一节），将同行作为现有感言的沟通对象。这很重要。我们希望企业主能够听到自己客户的声音，希望采购经理能够听到来自其他买家的消息。我们不希望直接将采购人员的赞美之词传递给其他公司的老板。这种做法无法产生共鸣。对他们来说，另一些事情更重要。

在哪里传递客户感言

可以采用主动和被动的方式来传递客户感言。主动沟通意味着由你亲自来做这件事，受众从你那里直接看到或听到客户感言。在这种情况下，客户感言是沟通的重点。当你将客户感言加到其他内容，比如你的网站、价目表或发票之中时，就是在进行被动的客户感言沟通。在这种情况下，感言可以增强和改善原有材料的影响力。

主动的感言交流

积极的交流是你可以采取的最强大的收入增长行动之一。基本上，你是在将客户满意的言语传递给其他现有客户和潜在客户。你可以通过电子邮件或口头方式来进行主动沟通。

这些都是一对一的技巧。

让我们来看看这两种方法。

直接给现有客户和潜在客户发送电子邮件

从业务发展的角度来说，最大限度地发挥客户感言的作用的方式就是向现有客户或潜在客户发送电子邮件，建议为他们提供同样的价值。这些电子邮件很简短，很快就能写完——不过就是复制和粘贴而已——已为我的客户带来了可观的收入。

下面是此类电子邮件的示例。你可以直接使用或者根据你的语言习惯进行调整。请注意，电子邮件中使用的客户感言取自前一章，实际上它将两份独立的客户感言合并在了一起。

克里斯：

你一切都好吧。

前几天我想起了你，我发现我们有一个客户与你很相似。他恰好是我们业务发展最快的客户之一。最近，他是这样评价我们的工作的：

> X公司帮助我们实现了23%的年度收入增长！我觉得这太棒了，不是吗？对我们来说，X公司绝对是一位合作伙伴。销售商只负责销售产品，但是合作伙伴会关心你。合作伙伴会关注你的利润增长，并尽其所能地帮助你实现增长。X公司就为我们做了这些事。
>
> ——汤姆·约翰逊，卓越承包股份有限公司老板兼首席执行官

汤姆和你一样经营着自己的公司，公司规模与你的相当。我们为什么不谈一谈如何将同样的价值带给贵公司呢？我很乐意告诉你我们到底为汤姆做了什么，我想这对你和你的客户也会有很大帮助。

你什么时候方便呢，周三下午还是周四上午？

祝好！

乔

三条注释：

1. 渴望起着很大的作用。我们希望潜在客户也渴望享受你那些成功客户享受的好处和价值。如果我是收到这封邮件的老板，我也希望能够实现 23%的收入增长！

2. 提供几个日期和时间供对方选择。这适用于所有的销售沟通：不要询问他们是否愿意与你谈一谈，假设他们愿意这样做。然后给出两个具体的选项，让他们从中选择一个。这样，摆在他们面前的肯定的选择就比否定的选择要多。我的商业导师艾伦·维斯将其称作“肯定的选择”，这总比在“可以”与“不行”之间进行选择要好。

3. 发送邮件之后进行一两次跟进。现在很多邮件会被垃圾邮件过滤器过滤掉，这给了我们一个很好的理由去跟进。很多业务之所以会丢就是因为缺乏后续行动。因此，如果没有收到这位潜在客户的消息，一两天之后再发一封邮件，确保对方已经收到了你的客户感言。一周后再打个电话也是个好主意。

在交谈中传递客户感言

另一种非常有效的方式是在交谈中传递客户感言。此时，你可以对客户感言进行诠释。你可以：

■ 专门打电话传递客户感言。

■ 在现有的谈话中加入客户感言。“顺便说一句，我想告诉您，我们有一位客户……”

■ 通过语音邮件传递客户感言。这是三种方式中效力最小的一种，但是，就像本书中所列的技巧一样，交流总比不交流好。

你可以口头传递客户感言：

“克里斯，前几天我想起了你，我发现我们有一个客户跟你很像。他和你一样，也是公司老板。那是一家承包公司，规模和你们差不多。最近我们聊了聊，他告诉我，我们帮助他实现了23%的收入增长！难以置信吧？我几乎不敢相信。我想，为什么不告诉你他从我们这里购买了什么呢？我很乐意和你谈一谈如何将同样的价值带给贵公司。你现在有时间吗，或者我们周四上午再联系？”

这里的关键是，完全可以在你的谈话中插入客户感言。

此外，当你在口头上分享客户感言时，你可能会选择是否需要点明这位客户的身份。有时在谈话中提及客户的姓名、职位和公司会很显得尴尬。这是唯一可以不提及这些内容的场合。这是唯一的例外。在其他任何时候，客户感言均以书面形式出现，需要列出客户的姓名、职位和公司名称。

被动的感言交流

把下面的内容看作是推荐客户感言的工具。

客户感言可以改善下面的每一项，也可以让现有客户和潜在客户想象与你合作、购买更多不同的产品之后的场景。

这是公司对多的技术。

除非另有说明，所有这些客户感言都应包括客户的姓名、职位和公司名称。

你的网站。每一页都应包含一份客户感言，即客户感言出现在每个产品页面、每个服务页面。每当有人点击网站上的链接时，就会看到一份感言。不要因为需要立即将感言加入每一页而担心，一次更新一页即可。积累小进步，成就大增长。而且你可以重复利用这些感言。如果你有一个拥有数百页的大型网站，相同的感言可以在三个页面上重复出现。这样做没有任何问题。

你的业务通讯。优秀的业务通讯应该每两周发送一次，并且应该为客户感言专门留有篇幅。只要将它们拷贝进去就行了。第 30 章将详细介绍业务通讯的结构。

电子邮件签名。我的许多客户在电子邮件签名中使用了客户感言并且取得了成功，这些感言出现在签名上方，看起来不像是签名的一部分。每周更换一次客户感言。如果你能在公司范围内设置和编辑签名，那就更理想了。这样，你就知道，所有收到公司邮件的人都能看到你的客户做出的有力的积极评价。

提案 / 报价 / 合同。对现有客户或潜在客户来说，看到客户感言的最佳时机之一就是在他们决定购买的时候。促使其增加购买量的最好方法之一就是在你的提案、报价或合同中加入客户感言。无论你通过什么方式宣传业务，都要加入客户感言。使用同行感言的时候要小心。向现有客户和潜在客户展示他们的同行在与你们合作之后取得了多么显著的改善。客户感言的力量非常强大！

发票。想要收集得更快更多？在发票上加入客户感言，并经常更换。

价目表和附带品。所有的附带品都会因为增加了客户感言而得到改善。此外，如果你有价目表或营销文件夹，可以在每一页上加入一条客户感言。重复使用客户感言也可以。下次去打印的时候，请办公室的行政人员在打印文件的每一页上都增添一条客户感言。

门厅或入口。许多公司的接待区都有一个显示屏，可以以幻灯片的形式展示客户感言。人们在等待时通常会四处张望，让他们看看人们为什么喜欢与你们合作。只有好事才能产生效果。

彩铃信息。有些人喜欢播放烦人的音乐。为什么不播放客户感言呢？你可以自己总结（“客户告诉我们……”）或者播放采访录音片段。在这种情况下，你需要获得客户的许可。

本章小结

- 客户感言的沟通无处不在。采取同行沟通的方式。企业主应该听取其他企业主的信息，工程师会听取其他工程师的意见。

- 你可以通过电子邮件或者电话、面对面交谈等口头方式进行一对一沟通。

- 同样，现有营销材料——比如网站、价目表和其他印刷材料——中都应加入客户感言，业务通讯、提案、引用以及任何现有客户和潜在客户可能会看的材料中也应该加入感言。

- 可能没有哪里不适合加入客户感言！

20 第 3 招：创建短小精悍又极具说服力的案例

优秀的案例分析会介绍客户购买了什么，为什么购买，以及与你合作之后他的业务得到了怎样的改善。仅此而已。

优秀的案例分析十分简短，实际上不会超过一页。为什么要让人们阅读所有细节呢？只要告诉读者你是如何帮助客户的就可以了。

根据客户访谈撰写的案例分析

如果你为了收集客户感言采访了客户，你就拥有了撰写一份有效案例分析的所有素材。采用同一段谈话即可，不必为此再采访他们一次。一次 5 ～ 10 分钟的互动可以帮助你收集到客户感言和案例分析需要的所有素材。

优秀案例分析的四部分

优秀的案例分析由四部分组成：

1. 问题。客户来找你的时候遇到了什么困难？为什么客户要来找你？他需要解决什么问题？一两句话即可。

2. 解决方案。他购买了什么？点明你的产品、服务或项目。一两句话即可。

3. 价值。

- 这是案例分析中最长的部分。
- 该部分以要点的形式呈现。
- 描述客户购买了产品之后取得了怎样的改善。
- 哪些方面得到了改善？
- 业务增长了吗？客户节省时间了吗？客户让他的客户满意了吗？
- 详述客户表达的定性、定量和情感价值。
- 应该以第三人称进行陈述。

4. 客户感言。从客户感言资料库中选择一条，粘贴至此处。

给你的客户感言起一个好题目。把它想象成报纸头条，不过与所有此类工作一样，不要考虑太多，只要写下来就行。

加入照片。按照你的喜好放置照片，我喜欢把照片放在右上角。我使用的照片几乎都是客户的头像或职业照。如果做不到这一点，我就会用他们公司的标志，或者是他们办公大楼的照片，或者是他们某件产品的照片，如果这件产品众所周知的话。最不可取的就是你卖给他们的产品的图片。

案例分析范例

下面是基于我在第 18 章中对汤姆·约翰逊的访谈所做的案例分析。括号中的内容是我的评论。

X 公司帮助卓越承包股份有限公司实现了 23% 的增长

客户

客户头像可以放在这里

汤姆·约翰逊，卓越承包股份有限公司老板兼首席执行官（这是我虚构的公司名称；如有雷同，纯属巧合！）

问题

由于之前的供应商延迟发货，汤姆的熟练技工无活可干。一时间，生产成本变得很高。

（注意：哪个承包商没有经历过这种情况？这立即引起了其他正在阅读本案例分析的普通承包商的共鸣。这群人正是本案例分析的目标读者。）

解决方案

客户开始从我们这里购买设备。起先是木材，后来是门框，随后又扩展到了地板和屋顶。

（注意：只需列出客户购买的产品。如果有产品编号，就将编号也列出来，对各个项目进行简要的概述。采用要点的形式，如果你认为有帮助的话。）

价值

■ 客户表示在他合作过的 50 个供应商中，X 公司排名首位。

■ 我们自豪地说，客户还指出，与我们的合作为他们创造了 23%的年度收入增长！“我觉得这太棒了，不是吗？”我们的客户汤姆·约翰逊说。

■ 客户表示他将我们视作合作伙伴，而不是销售商。他说我们很关心他，关心他的公司，也关心他的利润增长。

■ 客户说 X 公司帮助他的公司为他的客户解决了别人根本无法解决的问题，这有助于他发展业务。

■ 客户表示，我们帮助他使他的客户表现得更好。我们为此感到十分兴奋！

（注意：本节简单地介绍了客户对你说过的话，不过采用的是你自己的口吻。把你自己的评论和个性融入其中也很有帮助。例如，我添加了对这些结果感到骄傲和兴奋的表述。）

客户感言

X 公司确实在创新，不断推出新的产品。有好几次，他们向我们介绍了我们根本没想过的新想法，帮助我们赢得了销售订单，甚至解决了其他人无法解决的问题。因此，X 公司帮助我们实现了业务增长。他们帮助我们处理了更多的工作，并且帮助我们使我们的客户表现得非常优秀。

——汤姆·约翰逊，新英格兰顶级总承包业务公司老板兼首席执行官

（注意：在案例分析中，较长的推荐信也是可以接受的，因为它们支持并强化了你所阐述的价值。）

这样就行了。

一页。

撰写这份案例分析的时间不会超过 15 分钟，因为你的采访笔记已经写好了。

将它保存为 PDF 格式。

和公司里的所有人分享它的保存路径。

请他们将它发送给类似的老板和首席执行官。下一章将介绍传递案例分析的完整细节。

本章小结

■ 优秀的案例分析只有一页，撰写一份案例分析大约只需要 15 分钟时间。

■ 案例分析的内容以已经完成的访谈为基础。

■ 案例分析包括四个部分：问题、解决方案（销售的产品）、客户体验到的价值、客户感言。

21 第 4 招：让潜在客户看到你的案例

与客户感言一样，我们需要将案例分析传递给潜在客户。

与客户感言一样，应该将案例分析传递给与案例中的客户相似的客户。例如，你可以根据客户职位、所处行业或公司规模等对案例进行分类。选择对你有意义的分类。

与客户感言一样，案例分析可以通过管理人员、销售人员和客服人员以一对一的方式传递给现有客户与潜在客户，而且可以通过公司对多的方式传递给一大群人。

你还可以使用下列方法来传递有关你的巨大价值的有力描述。

通过电子邮件进行一对一沟通

传递客户感言最有效的方式是通过私人邮件直接发送给现有客户或潜在客户。比如：

乔：

我注意到我们正在和一家与你们公司类似的公司合作。附件是一份详细说明了客户感受到的巨大价值的案例分析。我相信我们也能给贵公司带来同样的价值。事实上，我认为您也在使用这位客户从我们这里购买的产品——只不过您不是从我们这里购买的。我们能在周一上午或周三下午联系您，做一个简单的沟通吗？您觉得哪个时间更合适？

祝好！

克莉丝汀

加上附件。

发送。

总投入时间：约 45 秒。

通过电子邮件发送给客户名单中的客户

同样的想法，只不过个性化特征稍弱，覆盖面更广。

假设你撰写了一份关于一位在年销售额 5 000 万美元的经销商手下工作的采购代理的案例分析。你会打开客户名单（关于创建优秀客户名单的详情参见第 28 章），选定公司收入范围与之相近的所有采购代理。也许你的客户名单上有 35 人，有些是现有客户，有些是潜在客户。给他们发送一封这样的电子邮件：

我之所以写这封电子邮件，是因为我发现我们正在与一位与您类似的高效的采购主管合作。最近，他告诉我们，我们公司给他带来了巨大的价值。随信附上的案例分析中有详细的说明。我想您可能会有兴趣读一读他的经历，也许我们可以讨论一下如何将同样的价值带给贵公司。此外，我也很想听听您对此事的反馈。周四上午 9 点或下午 2 点，哪个时间对您来说比较方便？

期待与您的通话！

祝好！

艾伦

与一对一沟通相比，这种方式的私人化感觉稍弱，但非常有效，因为很多人将收到这封信。

附上案例分析。

发送。

总投入时间：3 分钟（包括搜索数据库、快速选定相匹配的收件人）。

通过信函沟通

案例分析非常适合以信函的方式传递。如果想让它真正引起别人的注意，就要使用联邦快递。

选择案例分析中主角的同行。

在漂亮的纸张上将客户感言打印出来。

加上一张手写便条，内容可以与案例分析本身有关，请求对话以获取反馈的时间。

在信封上写好地址。

塞进邮筒。

总投入时间：5 ～ 10 分钟。

创建一本强大的案例分析集

请一位平面设计师设计一本非常有效的案例分析集。它应该有一个吸引人的封面，包括一封来自总裁、首席执行官或企业主的信件。

每页介绍一则案例分析，你可以在对页使用大幅照片来展示案例分析的主角、公司的建筑、公司的标志或者公司的产品。你甚至可以列出该公司从你那里购买的产品或服务。

按照杂志或任何能够打动你的印刷品的版式进行专业的印刷与装订。

发送给现有客户和潜在客户，并分发给公司内部员工。所有新员工都应在入职的第一天拿到这本书。这是一种非常有效的营销手段，可以借用客户的话清楚地说明你的价值。

以上是最重要的四种传递客户感言的方式，但我相信你一定能够找到属于你自己的方式并添加到你的技能库中。记住，传递客户感言的方式没有对错，但要富有创意。想想你擅长并且喜欢的沟通途径，然后试一试，看看究竟会发生什么。冒一次险！

本章小结

- 向内部员工和外部客户传递案例分析。

■ 将客户感言直接展现在现有客户和潜在客户面前的最好方法是发送私人电子邮件。

■ 你也可以向客户名单中的一群人发送电子邮件——个性化略有欠缺，但覆盖范围更广。

■ 可以考虑通过邮政或联邦快递将案例分析送到有可能购买产品或服务的人手中。

■ 最后，一本设计专业的案例分析集是给现有客户与潜在客户留下深刻印象并鼓励他们进一步与你合作的极其有效的方式。

22 第 5 招：一个价值百万的问题

他们是你最优质的客户或普通客户。

他们已经与你合作了几个月、几年，或是几十年。

你已经给他们看过产品目录，发过促销信息，并无数次详细介绍过你的产品和服务。你去过他们的办公室，他们也来过你的办公室。也许你们还会一起打高尔夫球、共进午餐、一同喝酒。

他们肯定知道自己能从你这里买到什么，对吧？

遗憾的是，他们并不知道。

和你一样，你的客户也很忙。每天，他们都要处理自己的事情、问题和紧急情况。他们要考虑自己的燃眉之急、自己的老板和家人。他们担心自己的生意，和你一样。他们没有时间去考虑你的产品目录或服务范围。简言之，你的客户不了解他们究竟能从你那里购买哪些产品和服务。

人们不可能购买他们不知道的东西。

所以，我们必须让他们知道。

问自己一个简单的问题

想一想你所有的产品、服务和用品目录——客户可以从你那里购买的所有东西，一件不落。发现了吗？你的普通客户了解的内容所占的百分比是多少？

在继续阅读之前，请仔细想想这个问题，并且给出一个数字。这个数字非常重要，所以我给你 30 秒的时间来考虑。有了答案之后，请把它写在书页的空白处。

在讲台上和客户的会议室里，在网络研讨会上和工作坊里，我问过许多人这个问题。我把这个数字称为知晓率。你知道平均知晓率是多少吗？

25%。

从制造商到分销商，从服务供应商到零售商，各行各业的企业领导者都告诉我，平均而言，他们销售的产品中有 3/4 的客户并不清楚。想想这个比重。

你极大地改善了客户的生活和公司业绩，对吧？你已经努力将他们从潜在客户转变成了客户，其中的很多人甚至成为回头客。你的销售人员会给他们打电话，与他们会面，并且与他们建立了相互信任、相互尊重的关系。这些客户喜欢并欣赏你的工作，因为他们一直与你合作。竞争对手经常给他们打电话，但他们依然选择了你的公司。每天、每周、每月，当他们拒绝你的竞争对手时，也在一次又一次地决定与你合作。你拥有他们。你的努力赢得了这些客户。他们很满意。

然而，他们只了解你所做的事情的一小部分。他们不可能从你的其他产品中获益，因为他们根本就没有认识到这些产品的存在。你没有系统地向现有客户传递他们可以向你购买的所有产品的信息。

你知道客户可以从你这里买到什么，因为你每天都在思考你的产品。但是你的客户整天都在想着他们自己的问题和产品。

想想有多少次你从优质客户那里听到下面的话：

“等等，你是说你们也有这个？”

“我不知道你还有那个？”

客户需要这款产品或服务。你可以把它卖给他们并极大地帮助他们。你以为他们知道，但事实并非如此。

知晓率略有提升就能拉动商品销量

我们不需要客户百分之百地了解我们的产品，这是不可能的——即使是苹果的客户也不清楚该公司提供的从硬件到软件再到服务的一切内容。

事实上，我发现，对我的客户而言，即使知晓率的提升极小，比如10%或15%，也能大幅带动销量。实际上，销量的增长往往会超过知晓率的上升。这意味着，如果你成功地将知晓率提高了10%，销量就会增长15%～23%。追求进步，而不是完美。进步足以为你带来很多新的收入。

如何提高知晓率

提高知晓率非常容易。方法很直接，你听了之后可能会摇头。你会问自己："为什么我没有这样做？"你为此花了多少钱？如果不从现在开始采用这项技巧，你还会花多少钱？这很正常。

在与现有客户的每次互动中，问一问这个价值百万美元的问题：

你知道我们也有 X 吗？（X 是你向这位客户推销的新产品或服务。）

询问每一位与你交谈的客户——无论是电话沟通还是面对面沟通——让他们每次与你交流都可以从你那里得到更多的东西。我们不会像销售人员那样试图推销出所有产品。我们要以同事和值得信赖的合作伙伴的身份尽力给予他们帮助。

印刷公司

"您知道吗，除了打印营销品之外，我们还能帮您寄送，这样您就不用费心了。大多数人不知道我们还提供这项服务，我想确保您有所了解。"

律师

"感谢您信任我们，让我们来处理您的案子。您知道我们还处理知识产权案件吗？我想占用您两分钟的时间和您探讨一下，或者我们约在周四沟通，如果您方便的话。”

制造商

“非常感谢您的订单，我们很乐意为您生产这些零件。您知道我们还制造其他组件吗？我注意到您所在地区的很多客户都在购买这些组件，我想确保您了解这一点。”

当你开口问“您知道吗”系列问题时，客户并不会拒绝或感到反感。相反，他们很高兴再次有机会从你的巨大价值中获益。人们倾向于从他们喜欢的合作伙伴那里购买多种产品或服务。为什么不为他们提供更多价值呢？

如何提出“您知道吗”系列问题

提出“您知道吗”系列问题的最好方式是通过电话或面谈进行一对一沟通。这是另一种需要你亲自参与的技巧。这时，仅仅发送电子邮件是不够的（聊胜于无，但与直接和客户交谈相比效果差得多）。亲自询问时，我们可以判断客户的反应和语气，决定继续介绍的最佳方式。客户可以向我们提问或表示出兴趣。如果愿意的话，我们可以进行一些深入的介绍，并且在必要的时候提一些后续问题。电子邮件无法做到这一点。在这种情况下——几乎在所有情况下——电话沟通和面谈的效果都比电子邮件沟通要好得多。

作为现有会话的补充

最好的“您知道吗”系列问题往往可以放在现有会话结束的时候。假设一位客户打电话来询问某个问题。你为他们解决了问题，在谈话结束时你可以这样说：

“您的问题解决了吗？感谢您给我机会为您提供帮助。为此，我向您表示感谢。我们喜欢与您合作。顺便问一下，您知道我们也提供其他服务吗？”

这可以发生在推销电话、客服会话或任何对话中。

（我的客户有很多新的收入源自“顺便说一句……”，你可以通过“顺便说一句”完成许多伟大的事情。）

作为一次独立的通话

完全可以为了增进客户对产品的认识而给他们打电话。你先开口，就像每次互动那样，关注客户的福利与自我利益：

“只是给您打个电话，确保您对我们的工作满意。一切是不是都按计划进行的？我们的工作符合您的期望吗？很高兴听到这个消息。如果您有任何问题或需要我们改进的地方，请直接联系我。我们非常重视您的信任。顺便说一下，我注意到您从我们这里购买了很多 X，却没有购买 Y，你知道我们也提供 Y 吗？我很乐意与您讨论这件事，您看安排在周二合适吗？”

去电的时候，你是真正关心你们为客户提供的服务的质量，在对话结束时快速植入你可以帮到对方的另一款产品。

应该由谁发问?

在你的公司中，每个面向客户的工作人员都可以并且应该问这个问题。

管理人员：当公司领导向客户的高层同事介绍另一种可以增加价值的方式时，不会发生什么糟糕的事情。

销售人员：打电话，拿下订单，感谢他们，然后开始询问“您知道吗”系列问题。

专业客服人员：也许与公司其他部门相比，客服部门拥有系统地询问“您知道吗”系列问题的黄金机会。客服人员主要有两个目的：接受重复订单和解决问题。不管怎样，他们整天都在和老客户打交道。还有谁更适合提出这个简单的问题呢?

系统化“您知道吗”系列问题的策略

系统性很关键。一次性的努力不会产生能够显著影响知晓率的临界质量，从而影响你的收入。理想情况下，不同的面向客户的人每天应在对话结束时问这个问题。理想情况下，如果你设有客户服务部，客服人员应向与他们交谈的每个人询问这个问题。

采用一对一沟通方式

询问“您知道吗”系列问题的一种方式是快速浏览客户的订

单历史，只推销一种可以补充他们目前所购买东西的产品或服务。这是一次推荐一种产品的方法，它要求你在战略上选择你认为能与每个客户产生共鸣的产品或服务。你需要花 30 秒的时间来挑选产品或服务，然后花 30 秒的时间提出问题。这种方法最适合小型或个体公司。

以公司为中心轮换重点

另一种方式是一段时间内选择一种让公司所有人都重点关注的产品或服务。通常两到四周的时间比较理想。在这段时间里，每个人都针对同一款产品或服务提出“您知道吗”系列问题。你们正在齐心协力地提高对某一特定产品或服务的认识。一旦期满，就转向下一款产品或服务。公司规模越大，这种方法就越有效。

尽可能简单地追踪被提问的客户

尽可能简单地追踪被问到“您知道吗”系列问题的客户。如果你可以使用公司的客户关系管理（CRM）平台，那可能是最适合追踪的地方。除此之外，根据我的经验，最简单的追踪工具就是电子表格。为你的公司创建一个电子表格，供所有询问这个问题的面向客户的人使用。电子表格应包括：

- 员工姓名；
- 提出“您知道吗”系列问题的日期；
- 客户姓名；

- 公司；
- 推广的产品或服务。

这就够了，不需要再增加其他内容。

我们希望通过这种方式来跟踪我们的进展，因为我们想要仔细了解我们询问了哪些人以及询问的内容。我们不希望客户在一周内反复听到相同的产品推荐。这张表格可以帮助我们进行追踪。理想情况下，提出“您知道吗”系列问题的时间间隔应为两到三周。

“您知道吗”便利贴

我喜欢简单的解决方案，因为它们通常总是最好的方案。

本章介绍的快速增加销量的关键是记得询问。我们想让很多人在一天中询问“您知道吗”系列问题。我们常常会遇到紧急的事情，花一整天应对。一眨眼，一天就过去了。

那么，如何提醒自己去问“您知道吗”系列问题呢？试试高科技且复杂的黄色便利贴吧。用大写字母在一张便笺上写下“DYK？”（Did You Know？）把它贴在电脑显示器下部。如果你会在开车时打电话，就把它贴在仪表盘上。

如果你还有别的方法来提醒自己去问这个与创收有关的问题，那就去做吧。采用什么方式让自己记住并不重要——只要有规律、系统地提问就可以了。

你理应得到更多的收入。

你的客户理应从你的价值中获益。

本章小结

- 普通客户只了解一小部分可以从你这里购买的产品。
- 你的工作就是提升客户对你的产品的知晓率。
- 针对你想推广的产品和服务提出“您知道吗”系列问题。
- 所有面对客户的人都应该在每个电话的最后系统地提出这个问题。此外，管理人员和销售人员可以打电话询问这个问题。

23 第 6 招：如何获得客户的推荐

客户推荐是发展业务的最佳方法，但我们还是很犹豫。

鲜有其他方法可以更有效地扩大潜在客户名单、带来新客户、发展你的业务。然而，绝大多数中小企业主、高管、经理、销售人员和客服人员都会迅速承认自己在这方面做得不够，这确实令人遗憾。

这其中存在很多原因，主要是我们自己觉得别扭，这一点我们已经在第 12 章进行了讨论。满意的客户不仅和蔼可亲，而且很乐意向我们引荐他的朋友。那是因为他知道我们可以为他们提供优质服务，我们会满足他们的需求，这不仅会让他的朋友或同事开心，而且会让他这位推荐人表现良好。

人们往往不会要求别人更多地推荐自己的另一个原因是，他们真的不知道应该做些什么，不知道如何去做。

本章将会改变这种状况。

本章将介绍三种请求客户推荐自己的方法。其中两种技巧快速简单，另一种略微复杂一些，但是成功率很高。你需要一如既往地注意你的措辞，这不仅是获得推荐的关键，也可能是整个收入增长过程的关键。

记住，你给了人们极大的帮助。你觉得目标市场上的人与你合作之后的表现比与你的竞争对手合作更好吗？如果答案是肯定的，那就放手去做吧！

我们先从一般的经验法则开始介绍。

不要使用“推荐人”这个词

要习惯在请客户推荐的时候避免使用“推荐人”一词，因为一旦你用了这个词，人们的表现就会变得很奇怪。他们会拒绝开口，他们会因为要当场想出一个名字而备感压力，这会把原本简单、顺利的过程搞砸。所以，在请客户推荐的时候，千万不要使用“推荐人”这个词。

通过电话或面谈请求客户推荐

你是否曾经通过电子邮件请客户进行推荐？如果是的话，你得到推荐信了吗？此类电子邮件几乎都石沉大海。沉默就是人们给予此类电子邮件的答复。因为你的客户很忙，他们有自己的紧急事件要处理。现在你给他们发了一封电子邮件，请他们为你工作（这就是他们的看法），他们不愿意直接拒绝，所以没有做出任何回应。

本章介绍的技巧应当用于电话沟通或面谈。当场处理，然后继续前进。等待一封永远也不会到来的邮件是没有意义的。

推荐技巧 1：与另一家公司建立联系

“您认识其他公司中与您类似的同行吗，比如老板/管理人员/采购代理？这些人也可以因为与我们合作而获得类似价值。”

这是一个很宽泛的要求，你可以请客户谈谈他认识的人。他们完全可以也完全有可能突然想到一个名字。

请注意“与您类似”这个措辞，表明我们想要找到一个类似的人。你可以为客户点明他的特征，比如他的职位或你想寻找的人的职位。

此外，重点是“类似价值”，而不是客户、销售或收入。还有谁会像你这样欣赏“类似价值”呢？还有谁会像你这样因为与我们合作而受益呢？还有谁会像你这样喜欢和我们一起工作呢？我们还能为谁节省时间、增加收入，就像我们为你做的那样呢？

“与您合作的客户或供应商中，您觉得谁会认为与我们的合作具有价值？”

这个问题可以缩小客户的搜索范围，让他去考虑他的其他供应商或者客户。

“我知道您与 Z 公司合作，您觉得该公司中谁会觉得与我们的合作具有价值？”

请他提供特定公司中的联系人。如果你的目标是与某家公司做生意，仔细思考你的满意客户名单，试着推测谁可能认识那里的某个人，然后要求与其建立联系。

推荐技巧 2：建立公司内部联系

“我们喜欢和你一起工作，迈克。你们公司里还有谁能从与我们的合作中获得价值？”

此时，你请客户提供公司同事的名字，比如总经理或者其他部门的采购经理的名字。

“迈克，你是我们最好的客户之一。X 部门有没有与你职位相近的人，你觉得我们应该和他谈一谈？”

点明你想被推荐给公司哪个部门。对于已经在一个部门取得了成功并希望扩大业务的大型公司来说，这种方式最好。

推荐技巧 3：种下种子，收获果实

这种方法花费的时间要长一些，但是可以为你带来大量的推荐。事实上，如果你按照我的建议去做，采用这种方法，三次请求中能有两次获得成功。（与电子邮件的回复率相比相当不错了，对吧？）

步骤 1：播种，但不要请求推荐

收到订单之后，向对方表示感谢，然后说：

“订货送达几天后（或项目进行几天后），我会亲自给您打电话，确保我们的服务令您满意。到时如果您很满意而且一切顺利的话，我想请您推荐几位与您一样，也能从与我们的合作中获得价值的人，可以吗？”

在我提出这个问题的这些年里，在我的客户提出这些问题的这些年里，没有一次被人拒绝过。所有人都表示同意。他们之所同意，是因为这很容易。谁会因为你准备打电话追踪以确保一切顺利而与你争辩？既然这样，他们为什么不推荐你呢？

想想发生了什么。

你不是在要求推荐。

你是在承诺会请他推荐。这不一样。

而且，关键是，客户承诺会为你推荐。

这是有关推荐的相互问责制：在日历上记下你承诺会打电话询问的时间，客户承诺会在你打电话过去时为你提供几个名字。这就是美妙的推荐！

第 2 步：收获推荐

约定的日期和时间到来时，你拿起电话。

“我们做得怎么样？货物都准时送到了吗？您对我们的服务还满意吗？”

如果答案是肯定的，那就继续：

“太好了。我们非常重视与您的生意。谈话结束的时候，您可以为我们介绍几位与您类似的人吗？这样他们也可以从与我们的合作中获得价值。您想到谁了？”

然后……停下来。

什么也别再说了。

等待你的客户开口。

沉默之中隐藏着很多商业价值。

此时，大约 1/3 的客户——自从上次你开口询问之后，这些人确实思考了这个问题——会推荐你。这可比你通过电子邮件询问的成功率高了 33 个百分点。

2/3 的人会找借口。他们会说自己找不到这样的人，或者不认识这样的人。他们也可能会一直思考这个问题。（没错，他们肯定会！）

现在，你可以当场提问。他们向你做出了保证，你也许下了诺言并且信守诺言，而他们却没有。所以，帮助你的客户，向他们描述你经常合作的这类人。

“我们通常与像您这样的项目经理合作，不过也与总经理和采购主管合作。您认识公司里这样的人或者供应商中这样的人吗？”

同样，说完之后停下来，等待答案，呼吸。

这时，另外 1/3 的客户会神奇地想到一个人。

现有就有 2/3 的客户推荐了，很好吧？

其他的人会挣扎着说，他们仍然无法想到任何人。这时，你就可以放过他们，感谢他们的努力。

当有人引荐你时该怎么做

这听起来不言自明，但很重要。

询问你的客户他们是否愿意向他人介绍你，或者他们是否同意你提起他们的名字。明确你的喜好："如果你能为我们引荐，我将不胜荣幸。"

引荐更好，而提起名字肯定比冷冰冰地接触潜在客户要好。

了解你的客户喜欢怎么做，然后要求引荐。

最后，尽快打电话给被推荐人

有太多的人等了很久才拿起电话，拨给被推荐人。

在我的职业生涯中，我深刻体会到一点：时间不是交易的朋友，也不是推荐的朋友！

如果有人向你推荐一个好的潜在客户，请在 24 小时内打电话给他。把这当成你的经验法则；在一个工作日内取得联系。

就收入增长而言，拖延会消耗金钱。

本章小结

- 请客户推荐的时候不要使用"推荐人"这个词。
- 你可以向客户明确想联系的人的职位，请他推荐同一家公司或另一家特定公司中的人。
- 采用播种收获的推荐方法：承诺在客户下订单的特定日期和时间请求推荐，然后，当时间到来的时候请求推荐！
- 别忘了要求客户引荐，然后在一个工作日内打电话介绍自己，开始谈生意。

24 第 7 招：企业主打给客户的电话魅力无穷

有一种简单却有效的沟通技巧，几乎所有的客户都能采用。他们无一例外都喜欢这种方法。每一个尝试过这项技巧的人都告诉我，它具有巨大的力量和不可思议的效果。就像本书所列的其他技巧一样，它很巧妙且非常简单。

如果你是老板、总裁或首席执行官，那么请你拿起电话打给客户。用对你来说很舒服的语言说出下面这段话：

“萨利，我是安吉拉·托马斯，XYZ 公司的老板之一。我想和您确认一下，我们为您提供了良好的服务。一切都好吗？您对我们的工作满意吗？有什么能为您效劳的？如果我能增加您的价值，请不要犹豫，直接联系我。”

如果你的客户不接电话，就将基本相同的内容留言给他。这条语音邮件具有与实际会话相同的力量，不过需要花一些时间。我告诉我的客户，要努力让对方点开语音邮件！

如果你是公司的经理或主管，用同样的话语拨打同样的电话，再加上这样一句话：“我知道您经常和安妮联系，她很不错。

她在向我汇报时对您赞不绝口。我想亲自打电话给您，向您表示感谢，同时确保您对我们的服务满意。”

还记得在本书开头，我告诉过你，收入增长是一项主动的工作吗？这项技巧就是对主动行动的定义。对你的客户而言，你是唯一一位给他打电话的企业主或经理。

顺便说一下，此类对话很有趣。客户很高兴接到你的电话，与你交流。

这项简单的举动力量非凡。

它加深了关系，巩固了信任，几乎总能在短期内带来额外的业务。

本章小结

作为企业主、主管或经理，主动打电话给客户，询问他们是否快乐，并让他们直接联系你。你将是唯一这样做的人；竞争对手绝对不会拨打此类电话。

25 第 8 招：价值 7 位数的跟进流程

你是否发出了很多份报价或者估价？

或者说你的业务和我的一样，都是通过提案来拟定项目和费用？

我的许多客户有相当庞大的团队整天都在拨打电话，提供新的估价。一些公司称之为客户服务，另一些公司则称之为内部销售。

最近，我为一位客户安排了一系列工作坊，作为我们长达一年的收入增长项目的一部分。

这家公司有大约 80 名客服人员。

每人每天能够提供 20 ～ 50 份报价，大约 23%的业务最终能够成功。

这意味着近 80%的努力都白费了。

我问他们对其中的多少报价进行了后续跟进，答案是：几乎没有。

不能责怪他们。他们很忙，他们的电话响个不停。他们需要对如此多的需求做出回应，哪里还有时间跟进呢?

事实上，现有客户询价后可能想拓展与你之间的业务。

如果他们得到一份报价后再也没有收到你的消息，那么他们把生意交给别人的可能性就会很大——对方跟进了。

让我们来算一算与我的客户公司的客服部门提供的报价相关的数学题。

假设 80 个人每天提供 20 份报价（我喜欢在讨论中使用最保守的数字)。

也就是每天 1 600 次报价，每周 8 000 次报价，每月 6 000 次报价。

每年 40 万次报价，其 20%差不多就是 8 万次。

因此，有 32 万次报价没有成功。这些客户再也没有收到来自我的客户的消息。(顺便说一下，这一点很快就会发生改变。比如说，第二天。)

现在让我们想象一下简单的报价跟进过程：在发送报价之后，发送三封电子邮件跟进。

第一封电子邮件在报价后一周内发出，内容如下：

“我想确认一下您是否收到了我的报价，因为有些邮件可能被视为垃圾邮件过滤掉。请确认您是否收到了邮件，您是否有意向与我们合作。”

如果得到了回复，停止后续过程并做出相应的回应。

如果对方没有任何回应，再发送第二封电子邮件，这时应该这样说：

“希望您一切顺利。我们收到了您两周前要求我们报价的那款产品的一份订单，因此我想到了您。需要我们为您制定订单计划还是您对其他产品感兴趣？”

如果在这之后没有收到回复，那就再发一封也是最后一封电子邮件，时间应控制在最初报价后的三周内。也可以随时根据你的业务结构来调整时间。你可能需要在与报价期更靠近或者更远的时间内发送电子邮件，这取决于报价或提案与客户下订单之间的时间间隔。

第三封电子邮件应该包括这样一段话：“感谢您给我就产品 X，Y 和 Z 提供报价的机会，因为一直没有收到您的回复，我将结束您的订单。如果您决定购买，请在 24 小时内告诉我。”

你有权力甚至有责任如此大胆。

请记住，你可以帮助别人。如果你忘记了自己可以为客户提供多大的帮助，可以问问他们，他们会告诉你的。

你可以亲自发这些电子邮件，也可以指派一位行政助理来跟进报价。

如果你想更加主动，就用电话代替最后一封电子邮件。

两封电子邮件外加一通电话应该会让你得到对方的明确回答。如果客户依然没有回应，那只能说明他十分粗鲁而且极不专业。他向你要了一份报价，你提供了，但是他拒绝给你答复。

让我们回到简单的数学题。

假设这些人都是你的现有客户，你知道他们需要这些产品，因为他们要求你报价，只有 2%的后续报价成交了。(可能会接近

10%，但还是要保守一点。)

我的朋友，这就是每年 6 400 份额外的销售订单。

假设平均每份订单的金额是 1 100 美元。

对我的客户来说，这就是额外的 700 万美元。(如果他们 10% 的后续业务能够成交，而不是我们正在计算的低得离谱的 2%，这个数字就变成了 3 500 万美元。)

对你来说是否也是如此?

现在就开始计算你的数字。这只需要一分钟，而这是一个有趣的过程。它还应该能够让你行动起来。

报价和跟进可以带来数百万美元的业务。

你会这样做吗?

本章小结

- 跟进报价是花费最少的精力带来最大收益的沟通活动。
- 考虑你发送的大量报价，你几乎没有跟进，或者只跟进了极少数报价。
- 想想三步走的跟进流程：电子邮件 / 电子邮件 / 电子邮件或电子邮件 / 电子邮件 / 电话。

26 第 9 招：手写便条的魔力

几年前，我收到了一位女士手写的便条，她曾听过我的一场演讲。她在便条里描述了我的演讲对她的事业和生活产生的影响。她谈到了自己是如何改变心态，开始每日营销的。她觉得自己更加成功，而她的银行存款也证实了这一点。

读完这张便条，我感觉很好。她能够这样做真是太贴心了。我为她的成功感到兴奋，每当有人向我汇报工作进展时我都是如此。我花了一分钟时间读完这张便条，然后这张纸就再也没有其他用途了。

然而，现在这张纸仍然躺在我的书柜里。我的工作环境很整洁，每天工作结束时，我的桌子十分干净。我喜欢看着这样的桌面，如果有一堆堆文档则会让我感到焦虑。但是这张手写便条一直放在办公室里一个相当固定的位置。这是除了节日贺卡之外，我收到的唯一一张便条。

收到这张便条后，我更换过办公地点，也曾重新装修办公室。然而，这张便条仍然摆在我的办公室的醒目位置。我不愿把它扔掉。

为什么？

首先，因为送便条的女士很用心，她专门花时间去做这件事。这既有意义又很重要。

更重要的是，它提醒我要经常亲自动手写便条。

为什么要寄送手写便条

我最近去了一趟得克萨斯，见了一位潜在客户——一个工业零件制造商。其老板、总经理和销售经理都参加了会议，我们讨论了一个能够帮助公司增加年收入的较大的项目，会上气氛很好。但是几天后，当我与老板和总经理沟通的时候，他们告诉我，销售经理由于种种原因犹豫不决。

在充分了解了原因之后，我挂断电话，拿出我的蒙大拿牌钢笔，用一张漂亮、厚实、好看的纸，给老板写了一封信，就销售人员的顾虑进行了解释。（如果你必须在将信寄给谁这个问题上做出选择，尽可能选择买家级别最高的人；如果老板赞同你的看法，销售经理的阻力就能够克服。）几天后，老板打电话来说同意做这个项目，让我们开始吧。是这张便条帮助我拿下了这笔订单吗？肯定不只是它的功劳，但是我敢肯定，我的竞争对手绝对没有寄给这位老板或者销售经理任何便条。此后不久，销售经理离开了这家公司，随后几年，我的客户的收入继续大幅增长，这一切绝非巧合。

你应该寄送手写便条，因为它们会让你脱颖而出，这是我们最终想要努力实现的营销的主要目的之一。目标是不让你被“商品化”，这样你就可以凭借出色的价值和强大的人际关系而不是价格与对手竞争。

你的便条将是你的潜在客户或现有客户在那一天、那一周、那一月，甚至可能是那一年里收到的唯一一张手写便条。他们会记住你，这将是一段温暖而深刻的记忆。几乎所有收到便条的人后来都跟我提起过这件事。他们会想到你，他们会谈论你，合适的时候，他们会从你这里购买（更多的）产品或服务。

手写便条，因为人们现在通常只会收到电子邮件。电子邮件冷冰冰的，属于高科技，而且很容易被打断。你的便条让人感觉温暖、令人印象深刻且难忘。让其他人发送电子邮件去吧。你给现有客户和潜在客户寄一些能够让他们记住的东西。

寄送手写便条，因为它满怀体贴之情。它告诉收件人，你花时间坐下来，拿起钢笔在纸上写字，然后把这张充满善意的便条寄给他们。（顺便说一下，这些便条应该都是善意的。如果你很生气，那还是发送电子邮件吧！）

每当有人在我的工作室里提起这个话题，人们就会点头赞同。他们喜欢这样的工作方式：舒缓、有意义而且明智。人们几乎总是会说：“我过去常常寄手写便条。”我告诉他们，今天就很适合重新开始这样做。

你最后一次收到手写便条是什么时候？

时隔很久了吧？

你的现有客户和潜在客户也是一样。

所以，给他们写张便条。你将是唯一这样做的人。

寄送有效的手写便条的一些快速贴士：

■ 买一支好钢笔。我喜欢钢笔，这是我的爱好之一。（我有很多爱好，包括葡萄酒、钢笔和旅行，这些几乎都对生意有利！）但是只要你喜欢，也可以用圆珠笔、签字笔或者羽毛笔来写字。选一支用起来顺手、让你觉得自己很成功、想要拥有的笔。

■ 好笔还要好纸来配。不要把你的名字印在纸上，但是一定要选择有水印的纸。在正面书写，这样收件人就能看清纸上的水印。好纸并不贵，一定要舍得在这上面花钱。它会带来指数级的回报，几倍于你在纸和笔上所做的投资。

■ 找到匹配的信封。纸张和信封应该看起来一致。

■ 每周五我会寄出 3 ~ 5 张便条。我喜欢用这件事来结束一周的工作，越早完成越好。如果下午 1 点的时候我正在写笔记，那么我就知道一小时之内这周的工作将结束。回顾这一周，想一想我与谁进行了互动，我想再次与谁联系。我想让谁知道我想起了他们？我想告诉谁我支持他们？我想和谁做生意？谁度过了艰难的一周，需要鼓励？谁给我发送了电子邮件，让我觉得我们应该建立起联系？然后，我从中挑选出几个人，开始撰写便条。

■ 你究竟写了什么并不重要，只要便条的内容善意、积极、体贴就行。

■ 如果你在周末寄出便条，收件人就能在下周初收到，此后不久你就能收到他们的回复。如果你在接下来的一周内打电话给他们，你就有了一些开启对话的好素材：“我给你寄了一些东西……”

没错，你这样做了，你这个聪明、体贴、出色的家伙。

本章小结

寄出手写便条，让自己脱颖而出、令人难忘，从而增加收入。

27 第 10 招：加强与高增长潜力客户的沟通

这是我和客户进行的一项有效的练习。

练习的目的是诚实地观察你的客户群，找到增长潜力最大的客户。一旦名单确定，你就知道应该重点与谁沟通，针对谁应用本书介绍的技巧。

看看图 27-1，它代表了你的整个客户群。

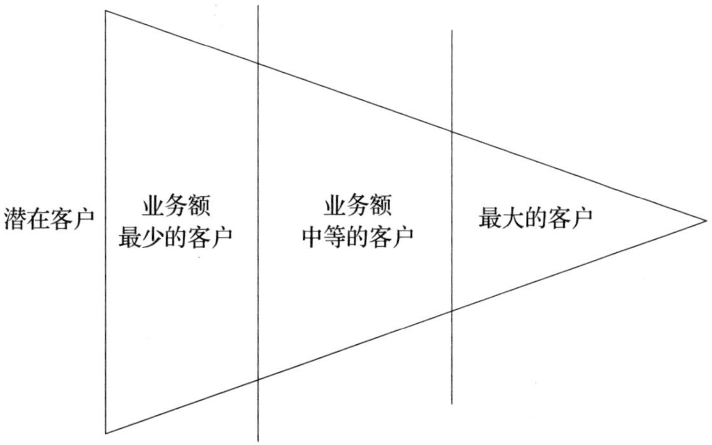

图 27-1　客户发展模型

让我们一起从右到左看一看这张图。

想想你最大的客户。他们与你的业务金额最大。将这些人的数量写在三角形上面，他们带来的收入之和写在三角形下面。

然后看看客户发展模型的中心：中等客户有多少？就他们能为你带来的收入而言，他们将是下一个最大的客户群。在模型顶部写下他们的数量，在底端写下他们带来的收入。

现在再来看看最小的客户群：你有多少小客户？他们带来的收入占到总收入的百分之多少？

最后，位于模型左边的是你的潜在客户。你大约有多少潜在客户？

如果不知道确切的数字，也不需要专门去研究。

有近似值就够了。

你的客户发展模型应该如图 27-2 所示。

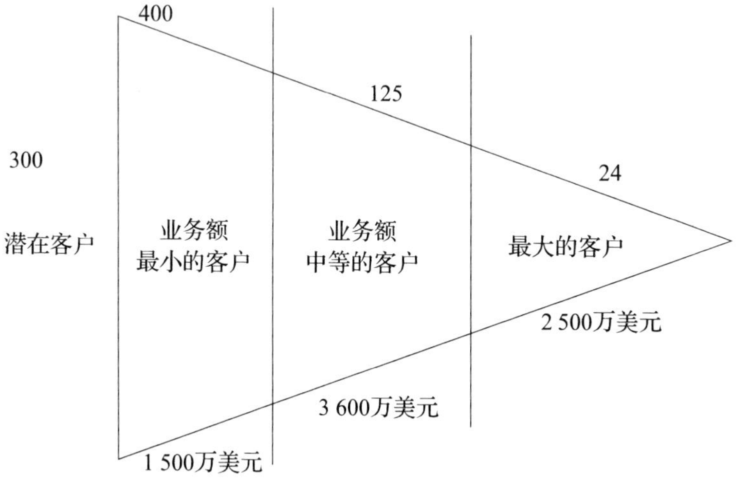

图 27-2　你的客户发展模型（一）

图 27-2 展示的是一家市值达 7 600 万美元的公司，有 24 个客户带来了 2 500 万美元的收入。这家公司还拥有 125 个中等客户，带来了 3 600 万美元的业务。而且，它有多达 400 个小客户，共带来 1 500 万美元的收入。这家公司还有 300 个潜在客户。

请在继续阅读之前先填写好自己的模型，因为我们即将开始非常有趣的一部分！

问问自己：谁能向右侧移动？

当你在模型中添加更多客户，或是现有客户的业务得到增长时，你的业务就会增长（见图 27-3）。那么，让我们来思考一下：哪些客户可以向右移动？

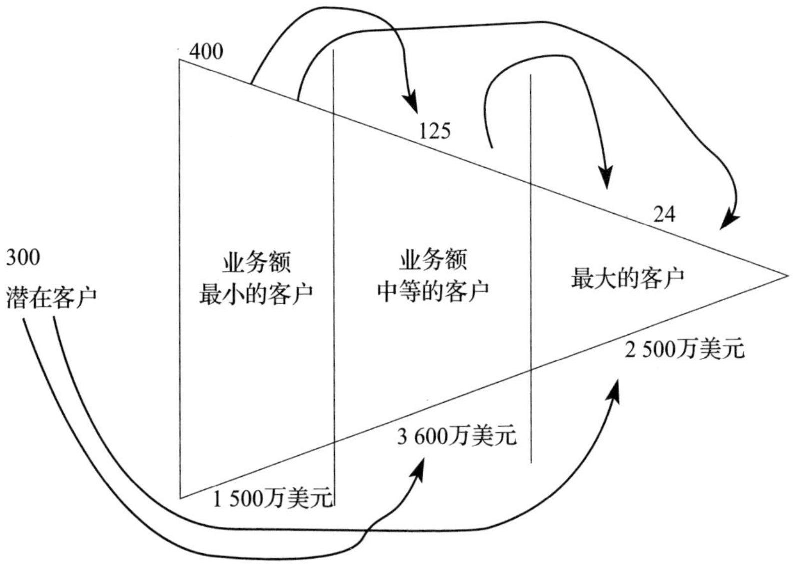

图 27-3　你的客户发展模型（二）

有多少中等客户可以增加与你的业务，跻身最大客户的行列？用箭头表示这些客户的数量。

有多少最小客户可以越过中等客户，直接迈入业务量最大的客户行列？用箭头表示这些客户的数量。

有多少最小客户可以晋级为中等客户？

现在想想你的潜在客户。

有多少潜在客户有能力成为你最大的客户？用箭头表示客户的数量。

有多少潜在客户可以成为中等客户？又有多少客户可以成为大客户？

有多少小客户可以成为中等客户或大客户？

现在，你的模型应该如图 27-4 所示。

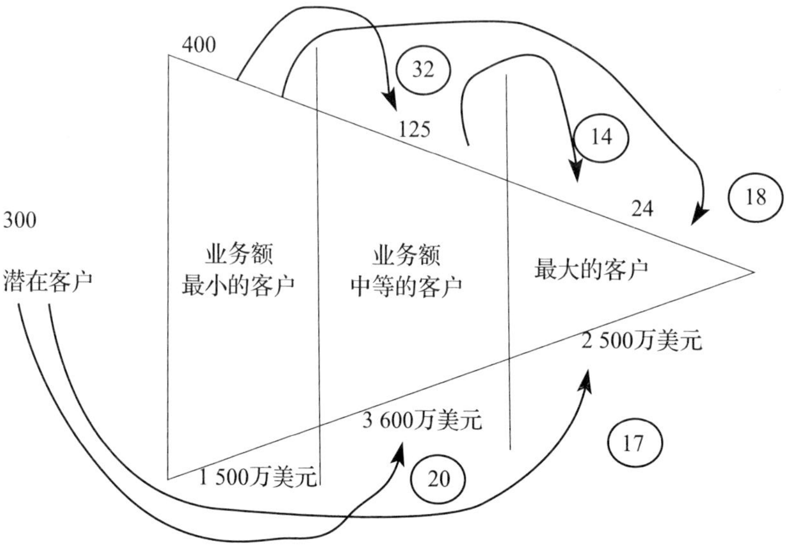

图 27-4　你的客户发展模型（三）

圆圈里的数字是你认为可以获得显著增长、进入更大的客户群的客户数量。

这些是你的高增长潜力客户（high-growth-potential customers，HGPC）。

我在例子中使用的数字十分典型。大多数公司可以使最大客户的数量翻倍！这很有吸引力。

他们还可以显著地发展中等客户。

接下来是最重要的一步。

找到能够成为圆圈中的客户的人。你在每家公司的联系人肯定不止一个，把他们都列出来。这些客户是你在追求收入增长的过程中最唾手可得的成果。事实上，他们犹如悬挂在枝头的果实，被压弯的枝条已经碰到了草叶，甚至你从它们身旁走过时带起的微风就能将它们吹落——存入你的银行账户。

一旦有了名单，只要集中力量与那些客户沟通就行了。

特别是要将从较大的消费群体那里获得的客户感言传递给高增长潜力客户。

换句话说，要把最大客户的推荐信传递给具有高增长潜力的中小客户。向他们展示你的最大客户的生活是多么美好。向他们展示你的最大客户从你的工作中获益多少，节省了多少时间，你又是如何帮助他们发展业务的。向他们展示大客户亲口所说的话。让较小的客户渴望成为你的最大客户。用这种方式设定客户感言的受众是为了让较小的客户能够产生成为更大客户的愿望。

同时，向这些高增长潜力客户提出“您知道吗”系列问题。

他们可以成为更大的客户，让我们为他们指明方向。

你刚刚找到了高增长潜力客户。

现在是时候帮助他们增加与你的业务了。

与他们沟通。

看着收入增长。

本章小结

- 高增长潜力客户最容易增加业务量。
- 找到他们，和他们交流。
- 不要忘记可以一跃成为中等客户或大客户的潜在客户。
- 传递来自最大、最成功的客户的感言是鼓励中小客户与你们做更多生意的最有效的方式。这样的沟通可以激发与你们做更多生意的愿望。

28 第 11 招：打造自己的社交媒体吸引更多客户

一份优秀的客户名单是公司拥有的最强大的收入增长工具之一。

客户名单很有价值，因为你可以根据它创建自己的社交媒体。

如果你领导的是一家中小型公司，当你向其他公司销售产品或服务的时候，现有客户和潜在客户不会在社交媒体上寻找你。他们不会根据人们在脸书或推特上所写的内容决定应该向谁购买产品。为什么要将重点放在脸书上呢，你的现有客户和潜在客户又不会在脸书上寻找你。你完全可以利用一份优秀的客户名单，给客户发送电子邮件或是寄送信函。

客户名单有很多用途，但是就收入增长习惯而言，它的主要价值是让你可以立即与许多现有客户和/或潜在客户进行沟通。它是建立公司对多沟通的基础，没有它，你就无法实现收入增长。

在哪里保存客户名单

客户和受众经常问我，最好在哪里维护他们的客户名单。

简短的回答：无所谓。

稍长一点的回答：放在你喜欢的地方，但是最简单的解决办法几乎总是最好的方法。对于大多数人来说，最简单的解决办法就是现有的办法。为了简单起见，下面介绍存储客户名单的好地方：

- 电子表格。为什么不呢？电子表格的每一列都有一个字段，而且具有快速排序和整理数据的能力。
- 你正在使用的内部数据库。它可以是公司服务器上的任何系统，也可以基于任何平台，如 Access，FileMaker Pro，或是复杂的系统，如 Oracle 或 SQL。
- 如果你愿意的话，也可以使用 Salesforce.com 这类基于云计算的客户关系管理系统。
- 我将客户名单保存在 Infusionsoft 上，这是一款专为 10 名员工以下的小公司开发的基于云计算的产品。

我再重复一遍：开始的时候尽量简单。从简单的操作开始逐渐发展比不开始行动好得多。现在不必研究这些内容。开始创建你的客户名单。在这个即时信息时代，太多的行动以研究的名义被推迟。这根本不是研究，而是拖延。(我可以很清楚地对它进行定义，因为我对它十分熟悉)。

如果你的客户名单保存在上述地方或是其他地方，就在那里对名单进行加工。现在没有必要转移。首先创建名单，（也许）以后再转移。

优秀客户名单的组成部分

你的客户名单应该由人而不是公司组成。我们与人而不是公司建立关系，B2B 领域的大多数中小企业都处于关系产业之中。所以，把客户名单的重点集中在联系人而不是公司上。下面是优秀客户名单的基本字段：

- 姓名；
- 职务；
- 地址；
- 电话；
- 电子邮箱。

这些是最基本、最重要的信息。也许你还希望添加一些额外的信息，如：

- 网站；
- 领英上的资料；
- 购买的产品。

想一想哪些方面对你来说很重要，将这些字段添加到客户名单中。删除你不使用的字段。创建名单并不是完成之后就一劳永逸的，你可能需要不断扩展和调整。

在下一章中，我们将讨论如何利用一些额外的字段对客户名单进行分类。

优秀客户名单的四个核心

优秀的客户名单由以下四个核心群体组成。

1. 现有客户：目前与公司有生意往来的所有人。

2. 以前的客户：这些人过去常常从你这里购买产品或服务，但是现在已经不这样做了。

3. 目前的潜在客户：现在还未成为你的客户，但是正在考虑的人。你就购买事宜与这些人进行过沟通。也许他们手上有你提供的报价或建议。他们正在考虑哪些产品或服务是显而易见的。他们要么已经知道你的报价，要么很快就会知道。

4. 以前的潜在客户：这是最难收集信息的一类人。你曾经与这些人谈过业务，但是他们并没有购买。也许你能够通过以前的邮件、电话记录、报价单或提案找到他们。

相对来说，收集前三类人的信息比较容易。将他们的信息汇集在一起，开始向他们传递价值。

将其他人列入客户名单

一份优秀的客户名单应该不断扩充。还有其他的方法可以丰富你的名单。

想一想你可以参加的活动，在活动中认识的人也可以添加到客户名单中：

- 贸易展；
- 演讲；
- 网络研讨会；
- 与供应商或客户合作。

而且，你还可以获取现成的客户名单。此时一定要小心谨慎，通常来说，这不是一项好的投资。

更有效的是我称为“专业客户名单创建者”的资源，他们可以根据特定的标准，如职位、行业、收入高低和其他属性收集你的潜在客户名单。这类公司会聘请研究人员为你人工收集有关人员及其联系方式的信息。然而，你给这些人发送邮件可能会碰壁。他们没有要求你提供信息，反垃圾邮件的法律也非常严格。

安排专人管理客户名单

客户名单需要一个负责人、维护人员、管理员。

公司员工可以将现有客户和潜在客户的电子邮件签名发送给他，由他将信息录入客户名单。

确保公司里的每一个人都清楚客户名单的管理员是谁。

赋予这个人要求面向客户的工作人员定期发送联系人信息的权力。

开始行动

与我合作过的许多人都犹豫是否要向客户名单上的人发送宣传公司价值的邮件，因为“名单还没有完成”。

不会出现这种情况。

很可能永远不会出现这种情况。

只是你需要采取行动。

即使名单上只有 100 个人，也足以开始传递价值。有 500 人很好，1 000 人当然更好，但是从你手头现有的名单开始。

关键是将一群人的信息集中起来，从他们开始，向他们发送你的业务通讯、客户感言、案例分析，等等。

本章小结

- 优秀的客户名单由个人而不是公司组成，名单永远不会完结，而是在不断扩充。
- 客户名单中包括可以让你发电子邮件、打电话、寄信函的个人信息。
- 优秀的客户名单应包括以下核心人群：现有客户、以前的客户、当前的潜在客户和以前的潜在客户。
- 将核心人群的信息集中起来，向他们传递价值。

29 第 12 招：分类整理和利用客户名单

第二个收入增长渠道的关键是客户名单。所有的公司对多交流都需要客户名单才有效。

但是客户名单的真正力量来自你对其所做的分类。

与数据打交道的人称之为分割，我可以接受这种叫法。但是有时它又被叫作切片、切块，好像我们在制作辣番茄酱一样。把它们当作类别好了。如果你的客户名单保存在电子表格中，只需要再增加一列，就可以让你对客户名单快速排序，选中一组电子邮件，然后发送一些有价值的东西。如果你使用的是数据库或客户关系管理（CRM）系统，可能有几个不同的地方可以使用这样的类别。选择一个字段或一组字段，不要随意变更。开始行动是关键！

要想确定类别，想一想你所在的具体行业和购买你产品或服务的各类客户。想想你所处的地理位置。再想想现有客户和潜在客户的规模，以及他们每年在你这里消费的金额。

五种客户名单类别

这里列出了五种你可能会考虑的类别。

1. 行业：比如说，石油和天然气行业的从业人员与航空业的从业人员关心的事情不同。这样，你就可以将各行业人群关注的价值发送给他们。我会限定在前 5 ～ 10 个行业，将不在此列的行业放入“其他”名单。我不会列出 75 个行业。始终保证客户名单简单。

2. 职位：再次列出包括企业主在内的前五个职位。企业主关心的事情与其他人不同。他们关心的是公司的总收入、利润和其他大局上的问题。员工更关心个人的销售业绩或者奖金的数额。技术人员关心的是细节和规范。采购人员关心的是尽可能多地节约成本。他们之所以关心这些内容，是因为公司会据此对他们进行评估。收入增长习惯的迷人之处就在于我们会给现有客户和潜在客户提供帮助、信息和对他们而言十分重要的价值。

3. 销售总额：这是每个人所在的公司在你这里消费的金额的范围。因此，创建四到五个类别比较合适。根据交易金额列出你最大的客户、第二大的客户，等等。我们将用不同的方式和最大的客户交流不同的信息，不同于与最小的客户的交流。小客户的购买量不如大客户多，所以我们可以告诉他们还能从我们这里购买到什么。

4. 年收入：你可能想要与上市公司这样的现有客户或潜在客

户做生意，而不会选择夫妻店。因此，增加收入规模一栏，同样使用一些对你的公司有意义的金额范围。

5. 地理位置：如果这对你的工作来说很重要，那就根据现有客户和潜在客户的位置来分类。

如果这些分类很适合你，那很棒。如果你还有其他明显的现有客户和潜在客户类别，就添加进来。

如何使用类别

下面这部分内容很实用：根据我们在这里讨论的分类，你可以利用分类名单。

- 向东北地区所有市值超过 1 000 万美元的公司的所有者发送一份有关盈利增长的快速提示或有价值的项目方案。
- 与建筑行业中市值超过 1 亿美元的公司的采购经理分享一段有关生产力的视频。
- 向名单中的所有汽车行业的工程师发送快速促销的优惠信息。
- 如果你从事消费行业业务，而且已经设置了适当的类别，你可以快速筛选出所有出租房屋的职业妈妈。

分类可以让你与名单中的子群体对话，与他们分享对他们来说具有吸引力的特定价值。例如，你可能考虑过给不同的受众发送不同的业务通讯。

最后一个提醒：在公司对多的渠道中，记住一般的执行顺序：

首先制定一份可以随着时间的推移不断扩充的核心名单，然后为所有人创建一份业务通讯。当你可以开始定期、持续地发送业务通讯之后，再开始增加公司对多渠道上的行动。

本章小结

- 客户名录的类别让我们可以在公司对多的渠道上以不同的方式与不同的人沟通。
- 根据最重要的现有客户和潜在客户对名单进行分类。
- 我喜欢用行业、职位、销售总额、年收入和地理位置对大多数客户进行分类。
- 对客户名单进行分类可以为特定群体带来特定的价值。

30 第 13 招：向名单中的客户发送极具价值的业务通讯

整理出一份初始清单之后——这份清单将不断得到扩展和补充——你应该在公司对多的渠道上应用第一种沟通方式，向名单中的客户发送业务通讯。

业务通讯应该简短

业务通讯应该简短，保证 5 分钟内可以读完。

我的每周业务通讯名为“福音营销会议记录”，周一早上发布，十分简短，不到 60 秒就能读完。我之所以这样做，主要有两个原因：首先，我希望读者能够快速获取价值，我希望他们知道，他们总是能在我的业务通讯中找到有用的信息，而且仅仅需要几秒钟的时间。其次，我不喜欢写长篇大论，喜欢写短小精悍的文章。坦白地说，几年前我开始发送业务通讯的时候就知道，如果每次都要花一小时或者几小时来写，我就很难坚持每周都这样做。事实上，我没有落下任何一个周一。无论是在节假日还是生病期间，我的读者总能在每周一收到我发送的价值，到现在为止，我已经坚持了几百个周一。

就这么简单，然后持之以恒。

看在上帝的分上，不要让人们点击业务通讯中的链接去“继续阅读”你的故事。简化他们的生活，改善他们的生活，不要使之变得更加复杂。

让人们认为你的业务通讯是有价值的

你的收件人应该认为你的业务通讯很有价值。

就像所有优秀的营销一样，它应该帮助人们，而不是向他们推销。

它应该改善他们的生活和工作，就像你的产品和服务一样。

如果你把业务通讯作为传递价值的工具，名单上的人就会期待它的出现。他们会阅读它、分享它并引用它。我收获的最好的赞美之一就是，读者告诉我他们会收集、打印我的业务通讯，在上面做笔记，并经常引用。

理想的发送业务通讯的频率

一开始最好每两周发送一次。

许多公司每月发送一次业务通讯。

一个月的时间足以让读者忘记你，却不足以让他们记住你。

每年 12 份业务通讯是不够的。

每周一份的频率比较有效，但是很多人很难如此频繁地想出好点子。

因此让我们选择每两周一次的频率，也就是每年发送 24 份业务通讯。每隔一周的周一、周三或你觉得合适的一天发送业务通讯。

如果你承诺以一致的速度发送业务通讯，就必须实现自己的承诺。如果承诺每两周发送一次却无法做到的话，那还不如不要开始，否则会让你的现有客户和潜在客户失望。这破坏了你的承诺——不是一种好的营销技巧。

许下诺言，信守诺言。我想你可以实现每两周一次的承诺。

业务通讯的结构

对客户测试了各种格式和结构之后，我发现最有效的业务通讯包含三个简短的部分。

首先，包含一篇有价值的文章

这是一篇非常简短的文章，可以帮助读者了解你的专业范围内的一些内容，甚至任何内容。想一想客户面临的共同困难。他们有哪些地方做得不好、不正确或者可以改进？现在，就这些内容写上一两段文字。不要想太久，直接动笔写。

当我和客户一起准备这项内容时，我们会花 30 分钟讨论他们的客户可以改进的地方。我们会创建一个包含十几个主题的清单，每个主题下有两三个标题。然后，当我的客户坐下来撰写业务通讯时，就能够从这份清单里选择文章的主题。你现在就可以做同样的事情。

比如说，你的客户是零售商，他们没能很好地展示其设备。

也许你想到了与如何更好地展示设备相关的主题：

- 试驾。
- 演示的位置会对设备的销售产生怎样的影响。
- 向企业主和工程师展示。

这是三类不同的业务通讯文章，如果每两周发送一份业务通讯，这三篇文章就能管六周。

现在，再想一个主题和两三篇文章的标题。

记住，每一篇都应该既简短又充满价值。写出一两段即可。

使用这些文章给人们一个提示，提供一种工具、一项技巧或者一个要点。

这就是你的目标：即兴想到的有用的东西。

撰写这些文章所需的时间应该不会超过 10 分钟。

你了解你的客户，你知道他们可以在哪些方面加以改进。现在，简单地写一写怎样改进。你可以在睡觉的时候思考这个问题。

接下来，添加一份客户感言

从你收集的客户感言中挑选一份，将其复制粘贴到业务通讯中。一定要包括客户的姓名、职位和公司名称。这应该只需要几秒钟的时间。

最后，以促销结束

结尾处可以介绍一种特色产品，附上图片和公司网站链接，可以介绍特殊的折扣，也可以介绍你正在推广的一项活动。什么都可以。理想情况下，这部分应该包括你所推介内容的进一步信息的链接。给别人采取行动的机会，即使只是回复这封邮件或者给你打电话。这可能需要 5 分钟。

这就是业务通讯的三部分：一篇短文、一份客户感言、一种特色产品或推广。业务通讯写起来快，读起来也快，而且对你的读者非常有帮助。

总时间投入

一旦你找到了发送业务通讯的良好节奏——也许是第三次或第四次的时候——你应该能在 15 分钟内写完业务通讯。每周一早上，我在电脑前坐下之后的第一件事就是想想上周发生的事情。我想到了我与客户、受众甚至媒体的互动。我读到了什么有趣的内容？我能把这些信息联系起来帮助我的读者吗？有人在我的课上说了什么特别有趣的事，值得和所有人分享吗？

我从中挑选了一些写下来，然后发送业务通讯。

这项工作中，内容并不重要，写作和发送本身才重要。最重要的是，要发送业务通讯。

发送电子邮件还是邮寄信件？

有时，我的一些客户拥有相当多不使用电子邮件的现有客户和潜在客户。在这种情况下，将你的业务通讯打印出来，装进信封寄给那些人。除了需要花点钱买邮票之外，这种方式没有什么不妥。通过电子邮件将业务通讯发送给所有能够收到的人，通过邮寄信件寄送给不使用电子邮件的人。

本章小结

■ 优秀的业务通讯是应该添加到公司对多的沟通中的第一项工具。

■ 理想的业务通讯发送频率是每两周一次。

■ 一份优秀的业务通讯由三个部分组成：一篇短文或其他有价值的内容、一份客户感言、一种产品或推广。

■ 在 15 分钟内写完业务通讯，而不是花 90 分钟，更不要花 3 个小时。

■ 关键是帮助你的现有客户和潜在客户。你每天都在帮助他们。现在，把它写下来。

31 第 14 招：利用白皮书实现增长

白皮书是一份旨在帮助现有客户和潜在客户的教育文件。

在我们的例子中，一份优秀的白皮书无非是将你写过的一堆材料整合在一起而已。

如果你像第 30 章所讨论的那样，每两周发送一份业务通讯，那么你就拥有足够多的有价值的文章——每份业务通讯的第一部分——每个季度整理成一份白皮书。在对开页上添加一些推荐信，这样就无与伦比了，而你每三个月就可以拥有一份像样的白皮书。

重新利用之前的内容并不可耻。事实上，我们的目的就是获取收入，这并不令人感到羞耻！尽可能地重复利用你所创造的一切。人们会以不同的方式消化内容，我们不能认为他们读过每一份业务通讯。即便他们真的读了，研究也表明，人们看相同的信息至少 7 次才能将其内化。

白皮书的最后一页应包含你完整的联系方式，如果你愿意的话，可以加入一些精选的产品或是你正在进行的促销活动的信息。最后一页的内容可以随着时间进行更改。

和所有的内容一样，白皮书的关键是要能够呈现在客户面前。

确保现有客户和潜在客户可以看到白皮书。

为此，可采用的最佳沟通方式就是通过电子邮件进行一对一的交流。这是联系那些潜在客户的另一个由头。“我们刚刚完成了这份关于如何在展台上进行有效的产品演示的白皮书，我想到了您。请接受我的这份白皮书。顺便问一下，您最近的生意如何？如果您需要更多的产品 X，Y 或 Z，请告诉我。”

向现有客户和潜在客户发送白皮书的另一种好方法是走公司对公司之路。从客户名单中选择一些人——也可以选中所有人——然后将白皮书作为特别邮件发送给他们。

就像本书中多次强调的，做法没有对错之分。

和往常一样，关键就是要做到这一点。

本章小结

- 白皮书只是另一种为现有客户和潜在客户增加价值的工具。
- 尽情地重新利用你的业务通讯。只要整理一下内容，放进白皮书中，再添加一些推荐信，在最后加入促销信息。
- 随后，就像你创造的所有高价值内容一样，确保现有客户和潜在客户可以看到。
- 不论是一对一的沟通还是公司对多的沟通，白皮书都同样有效。

32 第 15 招：将贸易展转化为收入

这是我对关系密切的客户就如何在贸易展上获得成功提出的简单建议。

让其他人专注于他们的产品和服务。

你将重点放在满意的客户身上，他们是在展会上闲逛的那些人的同行。

不要给与会者你的产品目录，给他们一封满意客户的名单。

给他们看案例分析。

给他们看大量的推荐信。

很难抵御满意、成功的同行的话，与会者会希望自己也能如此。

把东西打印好，准备好，然后对你遇见的与会者说："知道吗，我与一个和您很相似的人合作。差不多的业务，差不多的规模。最近他告诉我，与我们合作之后，他就不必再安排第二班，每年可以省下大约 100 万美元。他已经和我们合作 25 年了。这是这位客户的案例分析。我们来谈谈如何为您提供同样的价值吧？"

练习这种语言，做到运用自如。

询问与会者公司的情况，然后说："真有意思，我有几个跟您一样的客户。其中一人告诉我们，他们公司每年 23%的收入增长源于我们的合作。现在，我想我们可以谈谈如何帮助您实现同样的目标。"

大胆一些。这些故事都是真实的，这些都是你的故事。将故事讲出来是你的工作。勇敢一点，你理应这样。事实上，这些参加展会的人是来这里学习以提升自己的，你应该告诉他们你会如何帮助他们。（顺便说一下，这与向他们宣传你的产品完全不同。）

你将是展会上唯一一个这样做的人。

你会像橡树林中那一株盛开的樱花树一样脱颖而出。

让你的竞争对手被商品化，让他们谈论产品的规格和技术。

你脱颖而出，你与众不同。

实际上，这就是在贸易展中实现第 4 章讨论的心态的转变。

不要在你的展位上使用产品的大幅照片。

相反，使用客户的照片。展示满意的人、他们的公司标志、他们的建筑、他们的产品！

也许你的展位上有很多工作人员，确保他们事先已经仔细阅读了你的案例分析。相互练习这些对话，进行角色扮演。

谈论你的客户，而不是你的产品和服务。

这样就能把展会变成收入增长的展示！

本章小结

■ 在贸易展上，谈谈你的满意、成功的客户，而不是你的产品和服务。

■ 准备推荐信和案例分析分发给与会者。

■ 询问与会者的业务或工作情况，向他们讲述与其类似的成功客户的故事。

■ 在展会上专注于产品会将你商品化，专注于满意的客户则会让你脱颖而出。

33 第 16 招：举办一场让现有客户和潜在客户印象深刻的活动

最近我与一个印刷标签制造商合作，我采访了他的客户，主要是印刷经销商。其中一个人有一个很精彩的故事。

这位女士是一位非常成功的商人，她的客户主要是本地人，她包了一架私人飞机，将自己最优质的客户送到我的客户即印刷标签制造商那里。他接待了这些人，带他们参观了相关设施，带他们去吃饭，然后送这些人搭乘飞机回家。

我问她在这件事上花了多少钱。

她说包机的费用大约 2 万美元。

我又问她这么做带来了多少收入。

她回答说，在接下来的几年里，她与这些客户的业务总额超过了这个数字的 100 倍。

这是一项极好的投资。

那个晚上很容易就成为她的客户在生意场上最难忘的事情之一。很可能他们直到现在还记忆犹新。毕竟，小企业主有多少机会搭乘私人飞机旅行？

下面再讲一个我自己的故事。

我喜欢每年至少为我的客户——私人公司的企业主——举办一次私人活动。我喜欢将几个人聚在一起，其中有一半是我的客户，还有一半是潜在客户。我之所以这样做是因为我想让那些满意的客户可以与还没有和我一起合作的人聊天。人们到达的那天，我会举办一场鸡尾酒会，或是带他们去吃一顿丰盛的晚餐。第二天，我们会举办一场工作会议，我会将最新的有关收入增长的知识教给他们。我们会在四季酒店或丽思卡尔顿酒店等一流场所中工作一整天，他们可以与非常成功的同行见面交流。

活动是免费的，但与会者必须是企业主或者其配偶。我也想招待我的目标客户的同事，但必须有一个合适的时间和地点来做这件事，现在并不是时候。

下午 2 点左右，我们停止工作，我租好了交通工具，带给所有人一次独特的体验。

在最近一次活动中，我请司机将他们送到了芝加哥顶级国外赛车经销商处。那里准备了饮料和食物，我的现有客户和潜在客户不仅与地球上最昂贵的汽车合影，而且坐上了驾驶座！许多人还试驾了这些令人难以置信的赛车。你觉得他们能够记住这次经历吗？

绝对能够。在活动中，我的发言很简短，主要感谢大家出席。更重要的是，我安排了两位非常满意的客户向在场的人发表了简短的演说，谈了谈传道营销！

我不知道这件事会给我的业务增长带来怎样的回报，但是我可以肯定两件事：它会很可观，即使不是这样，我也玩得很开心，我的客户也一样。

下面是举办此类私人活动的经验法则：

令人难忘。越有趣、越令人兴奋，越好。不需要花很多钱来打造一个有趣的事件。要有创意，发挥你的想象力。例如，你能安排他们参观一个体育设施的幕后情况吗？基于你的客户群，许多机构会很乐意与你合作，以换取被你的客户知晓的机会。

将现有客户与潜在客户混在一起。你的目标是安排前者在后者面前高歌你的优点。这类事件可以让满意的客户替我们做宣传推荐。

考虑增加一个更大的活动。这类活动在行业会议中很管用，如果你专注于某个垂直市场。所有人都在场，更棒的是，你的这场只有受到邀请才能参加的活动会产生口碑。如果人们将参加你的活动，在活动开始前就会互相询问。人们会渴望参加你的活动，它将充满价值和排他性。

当我与消费类电子产品公司合作时，我每年都会在拉斯维加斯的国际消费类电子产品博览会上举办此类私人活动。这些活动人气极高，以至于人们要求我全年都组织小组会议。试想一下，每个季度，我的现有客户和潜在客户都会主动与我聚在一起讨论我的工作和价值。那一点都不可怕。

本章小结

- 私人活动是扩大业务的极好的、有趣的方式。

- 这些活动应该令人难忘、有创意、有排他性。
- 邀请现有客户和潜在客户共同参加，以便让满意的客户在潜在客户面前赞美你。
- 如果你专注于和某一类企业合作，可以考虑增加只有受到邀请才能参加的活动。这可以避免你的现有客户和潜在客户特意跑一趟。
- 让竞争对手来举办晚宴。客户会永远记得你举办的独特活动，并在接下来的几年中对此津津乐道。

34 第 17 招：在客户聚集的地方演讲

参加贸易展时，你和其他人一样，有一个摊位或者一张桌子。

如果能够在贸易展上发言，那你就是专家，所有人（毫不夸张）都会请你提供指导、传授经验。

你是在教大家。

你是在帮助大家。

你在展示你的价值。

人们坐在观众席上，想象着从你那里购买服务或者产品会是怎样的感觉。

人们与你一同思考。他们向你学习。但愿他们能把你的意见与建议带回他们的公司，在演讲结束后的几天或者几周内能够考虑你的想法。

当你是展会现场的一位参展商时，你会有这样的想法吗？

面向企业的商业演讲

在本书提及的所有技巧中，这是我个人最常用来实现收入增长的。

没有什么比演讲能够使我的公司获得更大更快的发展了。

我经营的是一家咨询公司，因此我要谈的是我的专业领域。我可以在现有客户和潜在客户聚集的任何地方发表演讲。我主要与公司业务收入在 2 300 万～2.5 亿美元的企业主和总裁密切合作，一些规模大得多的公司则是例外。但是我的观念适用于各个行业，因此具体的公司对我来说并不重要。我可以帮助任何行业的企业主，只要他有一位面向客户的工作人员来完成本书列出的简单的沟通工作。

如果你的公司销售产品或服务，那么关键就是在客户聚集的地方演讲。

这意味着：如果你是一名律师、会计师或房地产经纪人，就可以考虑商会、吉瓦尼斯俱乐部[①]、扶轮社[②]、碧昂斯俱乐部[③]等地方组织。当地公司会在这里聚集，与会者中可能有一部分会成为你的客户。

如果你处于一个特定的利基行业，比如建筑、石油设备或印

---

① 美国工商业人士俱乐部。——译者

② 按照国际扶轮社的规章成立的地区性社会团体，以增进职业交流及提供社会服务为宗旨；扶轮社的成员来自不同的职业，每周会在固定的时间及地点聚会。——译者

③ 以建立地方和国家间的良好关系及为社区提供良好服务为宗旨的美国地方俱乐部。——译者

刷制造行业，你就需要前往潜在客户和现有客户所在的地方。这可能会将你的选择限制在各种行业协会之中。很可能存在几个这样的协会，也许你现在已经知道是哪些协会了。

快速列出一张清单，开始联系这些协会的负责人，表明自己是一位乐于帮助协会成员与观众的专家。

如何撰写演讲稿

如果你已经在某个特定的行业展会上参展一段时间，就可以直接联系组织者或协会的执行董事，向他们提供你作为演讲者的专业知识。在联系他们之前，你需要先确定一个主题以及一段简短的描述。创建演讲主题的过程与确定业务通讯主题的过程相同：

- 客户想要解决而你又可以帮上忙的难题是什么？
- 他们将宝贵的时间浪费在了什么上面？
- 他们在销售过程中的哪一步失去了客户？（收入软管的漏洞在哪里？）
- 他们缺乏怎样的内部效率？
- 记账情况如何？
- 他们的会计制度落后吗？
- 他们的内部沟通如何？

列出客户正在处理的问题清单。其中的任何一项都能够成为演讲的主题，你也可以简单地将它们囊括进一个包罗万象的演讲中。

现在，在每个问题的下面列出 3 ～ 5 个解决方案。

这些将成为你的要点。

在每个解决方案或要点下面再写几个句子。

再加上一个像样的开头和结尾，就完成了。总时间投入：60 ～ 90 分钟。

本章小结

■ 将演讲作为在竞争中立于不败之地，在拥挤的展会中脱颖而出的方式。

■ 列出现有客户和潜在客户可能会聚集的组织和协会，联系它们的行政领导，提出你可以以演讲者的身份为他们提供价值。

■ 列出客户正在试图解决的问题以及你的解决方案，借此创建演讲主题。这些是你的演讲内容。

■ 不要追求完美，不要反复思考，去帮助人们规划新业务吧！

35 第 18 招：组织网络研讨会发展新业务

网络研讨会是你在网络上发表的演讲。

听众可以坐在电脑前聆听你讲授专业知识。

在网络研讨会上，你的声音比你的幻灯片更重要。它们能有效地将你的价值展示在现有客户和潜在客户面前，所需的资金或时间投资却很少。一场优秀的网络研讨会一般在 30 ～ 60 分钟。你可以使用上一次网络研讨会最后一部分的主题列表。

看到我们如何改变事物的用途了吗？

你在业务通讯中所写的主题将变成一份白皮书。

将同样的主题组合在一起创建你的演讲稿。

你在演讲中所使用的材料正是网络研讨会的材料。

如何组织一场优秀的网络研讨会

由于网络研讨会的内容与你根据上一章的指导原则撰写的演讲稿相同，我们来看一看网络研讨会的后勤准备工作：

■ 这属于公司对多的活动，因为你会邀请客户名单中的所有人参加。在现场发表演讲时，组织或协会负责安排观众入场就座。在网络研讨会上，这就变成了你的责任。

■ 发送多封电子邮件邀请人们参加网络研讨会。网络研讨会召开的前两周给每个人发送 5 封邀请函并不过分。

■ 通过 GoToWebinar 等服务商来举办会议。我选择的是这家公司。你可以通过它创建一个带注册表单的邀请页面，随后的工作就可以全部交给它了。你可以在电子邮件邀请函中附上一个链接，这样你的现有客户和潜在客户就可以点击这个链接完成注册。

■ 网络研讨会在（你选择的）特定日期和时间举行，只有注册过的用户才能参加，而且必须在特定时间预约观看。

■ 你应该将网络研讨会录下来——只要在 GoToWebinar 的界面上点击一个按钮即可。这样就能创建一个视频文件，你可以在你的网站上使用这段视频，并且将其作为一个高价值的项目，通过邮件发送给现有客户和潜在客户。

■ 网络研讨会结束之后，你可以通过反馈表征求听众的意见。你可以就任何问题征询他们的意见，包括他们对网络研讨会的看法。一定要询问他们的业务、工作情况，或是他们对你的产品和服务的需求。

■ 在网络研讨会后，向每一位参会者发送一封电子邮件进行跟进，记得将你在会上所使用的幻灯片附上。

本章小结

- 网络研讨会是在电脑前发表演讲。
- 使用知名的老牌服务商，积极向邮件列表上的成员发送邀请函。
- 因为你是在帮助别人而不是推销网络研讨会，所以要毫不犹豫地大力推广。
- 录制网络研讨会视频，留待日后使用。
- 别忘了要有趣一些！

36 第 19 招：如何借助视频拓展业务

不论是采用一对一还是公司对多的沟通模式，都可以借助视频的力量。它们可以为你所提供的价值增加第三个维度——人们不仅可以阅读到你的信息，而且可以真真切切地看到。视频可以使你、你的客户和产品以视觉化的方式呈现在客户面前。视频使你有别于你的竞争对手，帮助你脱颖而出，而这正是本书所有营销工作的重点。

能够有效促进收入增长的视频必须遵守的原则

*效果最好的视频都不长。*不要超过两分钟。再长一点，观众就会失去耐心。

*轻松随意的视频胜过一本正经的介绍。*令人放松的背景胜过正式的演播室。现实世界胜过全白或是全黑的背景。

*帮助你的观众，证明你的价值。*与本书中提及的所有沟通技巧一样，我们希望通过视频来展现你对于现有客户和潜在客户的

巨大价值。你不是在推介视频，你只是帮助别人。

将视频上传至 YouTube。视频在那里才具有生命力。当然视频网站有很多，但 YouTube 显然是其中最大且最为知名的一个。你可以在那里分享这些视频，把它们放在你的网站上，让现有客户和潜在客户看到。

视频素材

你可以就大量主题创建视频。接下来我们讨论其中的一些要点。

客户案例分析

有三种方法可以制作案例分析视频：

1. 你可以在镜头前讲述客户的故事。一边看着镜头，一边缓缓讲述这个案例。告诉观众，她来找你的时候究竟遇到了什么问题，为了解决这个问题，她从你那里购买了什么，她所获得的巨大价值是什么，最后与观众分享她的感谢之辞。“这位客户告诉我……”

2. 客户可以在镜头前讲述他自己的故事。把它想象成一条感谢视频。可以问一问客户他为什么喜欢与你合作，以及这为他带来了怎样的帮助。

3. 你可以与客户合作录制这条视频，共同探讨你们是如何合作的。你可以说一说客户购买了什么；他可以聊一聊与你合作为他提供了怎样的助力，以及与你合作之后他取得了多大的进步。

坦率地说，你可以讨论你的一切想法。

所有这些客户故事视频的价值就在于，允许潜在客户想象他们与你合作时的场景。此外，这些视频将激发他们与你合作的愿望。

教学时间

回到我们在第 30 章讨论过的为你的价值所准备的业务通讯文章的主题列表。

你写过的或是打算写的每一篇文章都可以变成一段视频。

谈谈你的客户群所面临的问题，一次帮助他们解决一个问题。

选择多数客户都需要处理的一个问题。例如，许多客户都非常忙碌，无法及时回复客户提出的要求。你也许会制作一段 90 秒的视频，首先描述问题，然后提出三个快速简单的解决方案。你可以告诉人们在当天的工作快要结束时，留出 30 分钟来回复所有尚未处理的电话；或是马上给所有无法立即回电的人发一封邮件，告诉他们你什么时候会给他们打电话；等等。

如果现在花 10 分钟的时间思考，你能想出十几个客户正试图解决的常见问题，以及可以在视频中向他们提出的建议。

讲述你的故事

视频为你讲述自己的故事提供了一个极好的平台：公司的故事、家庭的故事或者你人生的故事。你为何会踏入这一行？公司的历史有何特别之处？你为什么要选择这份工作？就客户经验而言，你觉得什么比较重要？你告诉员工和同事应该关注什么？利用视频连接市场，告诉他们，到目前为止你们公司有何特别之处。

产品演示与技巧

尽管我不太愿意让你把视频的重点放在产品上，但是如果你能够重点突出产品的价值，这将会是一个很有用的技巧。仔细检查产品的三大功能，详细介绍它们为客户提供的帮助。不要把注意力放在技术上，而应关注产品为购买者提供的价值。“客户告诉我们，这个功能使他们更快地安装我们的产品，优于竞争对手的产品。”

如何制作优秀的视频

你可以使用高清摄像机或智能手机来制作视频。如果你拥有一部近两年推出的智能手机，内置的高清摄像头就相当不错。利用手机拍摄视频的好处就是很容易上传到互联网上与人分享。

坦白地说，优秀视频的关键是音频。它必须明快、清晰，不会被背景中的噪声所淹没。

如果在一个安静的房间里录制视频，使用手机内置的麦克风就够了。

如果周围有噪声，可以找一个领夹式麦克，把它夹在你的衬衫或衣领上。市场上还出现了适用于智能手机的领夹式麦克风！

如果你兴致很高，还可以聘请一位摄像师，或是请你的配偶或孩子来帮忙。

也可以利用三脚架。

请记住，我们需要的是有效的视频而不是极为专业的优雅的视频。

如何与现有客户和潜在客户分享视频

你可以通过以下方式向客户展示高价值、高效的视频：

- 一对一的电子邮件。确保销售人员和客服人员拥有视频的链接，这样他们就能将视频作为一个非常有效的工具来联系潜在客户。“丽塔，最近我的很多客户都在询问零售产品的演示，为此我制作了一段 90 秒的视频。我想你可能会觉得它有用。”
- 公司对多的邮件，尤其是转播视频。“这是我们最近为经销商制作的我们最常用的时间管理技巧的一段视频。这是我们的一点心意，敬请观赏。”
- 公司对多的业务通讯。让你的视频成为具有特色和价值的内容，取代文章出现在业务通讯首页。

本章小结

- 能够帮助客户的有价值的视频可以使你克服噪声，在竞争中脱颖而出。

■ 创建以客户案例分析、产品演示或你自己的故事为特色的视频。

■ 优秀的视频简短、随意（不会一本正经），而且对于观众来说充满价值。

■ 通过特殊的视频邮件或是直接将视频嵌入业务通讯的方式，进行一对一或公司对多的宣传。

37 第 20 招：如何利用媒体实现收入增长

2005 年前后，消费类电子产品繁荣发展。当时我是《芝加哥论坛报》(*Chicago Tribune*) 联合技术（syndicated technology）领域的专栏作家。我在全球 300 余份出版物上开设了专栏。

因此，我收到了来自成千上万公关人员的推销。

他们希望我能够宣传他们的产品，所以源源不断地给我发来新闻稿、评审请求与产品细节。总的来说，许多人都在说“拜托，拜托，拜托!”

问题是：他们的产品——智能手机、体积日益变小的笔记本电脑、平板电脑、平板电视——都非常棒，然而营销手段却糟糕透顶。

在我看来，一些知名的大型公司虽然获得了成功，但与营销无关。世界一流产品的研发费用往往高达数千万美元，然而年仅 23 岁的公关人员却在冷漠地进行营销，他们不知道应该如何推销，他们不在乎，也根本不会去跟进。

绝大多数这类公关人员以千篇一律的方式向数以千计的记者

进行宣传。他们给我们发来粗劣的新闻稿，这些稿件无法引起任何人的兴趣或是促使人们采取行动，甚至连他们自己也兴致聊聊。他们将营销重点放在技术规范、统计、速度与规模上，客户能够获得的好处却只字未提。没有人提起自己的产品将如何改善人们的生活，当然，这些产品绝对能够做到这一点。

一大群公关人员每天与我交流，但是大部分人我既不认识，也没有与他们见过面。其中有一小部分人做了一些与众不同的事情。

他们花时间与我建立起联系。

他们开始了解我，了解我宣传过的内容以及我对什么感兴趣。

他们与我交谈。有时，我们会一起吃午饭或喝咖啡。

这些人比其他人更努力，工作方式也更聪明。

对于这些已经与我建立起联系的人，我会尽力让他们的推介内容登上报纸。

有时，我会帮助他们对投稿进行修改润色，经过我的编辑，这些公关人员的新闻稿的审核人会更加乐意刊用。

在极少数情况下，也只有和这些人在一起的时候，我会帮助他们修改新闻稿，以便他们的稿件被报社接受。

他们建立起了关系；他们的稿件登上了报纸。

对你来说，也是一样。

今天，我帮助客户在本地媒体与行业媒体上进行了宣传。

这种宣传的催化剂就是关系。

在你需要获得他们的帮助之前先向他们伸出援助之手。

了解他们的工作，向他们——媒体人员——提出有价值的意见。

提出最符合他们的利益（未必最符合你的利益）的意见与建议。

让他们知道，如果他们需要了解你所在专业领域的信息（公司的产品、教育培训或是你在公司里的具体工作），他们可以随时联系你。

建立关系。

等你们的关系稳固之后，再开始推销宣传。

让他们知道，你首先来找的就是他们。

和他们聊聊你的家族企业，谈谈你的先辈们的故事，说说你的故事。

他们很可能会报道这些内容。

不能操之过急。

慢慢来。

帮助媒体。

媒体也会帮你。

你的媒体计划

1. 确定 5 位当地主流媒体的记者——报社记者、电台主持人、电视新闻记者或主播。我们正在寻找 5 位有兴趣报道你的公司或者你的故事的媒体人员。

2. 接下来，确定 5 位为行业出版物撰文的媒体人员。这些出版物通常是协会杂志或业务通讯。我们要选择你的现有客户和潜在客户都会阅读的出版物。相对于做广告，借助记者之口来讲你的故事要有效得多。这是第三方认可。任何人都有可能成为他们笔下的主人公，但是他们选择了你。

3. 开始与这 10 个人建立关系。帮助他们，提出你对于他们所写文章的意见。赞美他们的文章，表现出友善。你知道的，对人要友善。

4. 如果你觉得你们的关系已经足够牢固，就可以暗示，也许他们会有兴趣报道你的公司和你的故事。

5. 媒体报道的关键不是获得宣传的机会，而是得到这个机会之后你会做些什么。出版物、电视与电台的宣传转瞬即逝，它们比网文容易被人遗忘。你必须存留相关新闻报道并扩散出去。创建一个 PDF，或是录像，并将之作为特别邮件发送给现有客户和潜在客户。你可以采用一对一的沟通方式，也可以采用业务通讯等公司对多的沟通方式，甚至可以只是强调与你有关的最新报道的一次性邮件。

因此，媒体宣传的成功可以归结为两个词：关系与沟通。

在媒体宣传上取得成功所需的行为与商业成功并无不同。

本章小结

- 中小企业尚未充分利用本地媒体与行业媒体这类沟通平台。
- 与对待客户一样，成功的媒体宣传需要潜心发展关系。
- 将媒体报道转变为业务的关键是让你的现有客户与潜在客户对之有所了解。

38 第21招：巧妙利用涨价

中小企业往往不愿涨价，它们的定价常常多年保持不变。有时，供应商会提高原材料的价格，此时中小企业才会不情不愿地相应提价，将增加的成本转嫁到消费者身上。但是许多中小企业并未从中赚取额外的净利润，因为它们不愿向客户提出涨价的要求。

“客户会流失。”这是它们的预测。

事实并非如此。

我常常问客户的客户，如果我的客户将价格上调一两个百分点，他们会怎么做？

答案是：无所谓。

由于某些原因，他们已经与你合作多年，甚至是几十年。

他们信任你，他们重视你，他们依赖你。你让他们挣到了钱，你帮他们留住了客户，你使他们看起来很好。你们成了朋友，他们中的一些人视你为家人。

你不会因为价格上涨了1%或2%而放弃这样的关系。

美国劳工统计局的数据显示，2014年美国的通胀率达到了

1.58%。

2013 年，这一数字是 1.59%。

2012 年是 2.93%。

2011 年是 1.63%。

2010 年是 2.63%。

2009 年的通胀率接近 0。

但在 2008 年这一数字达到了 4.28%。

在 2007 年则是 2.08%。

我们可以维持原价继续经营下去。

我想说的是，客户不会因为缓慢、微小却又持续的涨价而离开你。

但是如果你坚持了 10 年不涨价，而现在因为再也熬不下去，将本应分摊到每年的增长累积到一起的时候，问题就会随之产生。人们会注意到价格的明显变动。

相反，如果你定期（比方说每一两年）将价格上调 0.5%或 1%，人们很可能不会留意到价格的变化。事实上，这完全在他们的意料之内。整个世界就是按照这种方式运转的。每个企业都会定期调高自己的定价。麦当劳、星巴克和迪士尼乐园的价格持续上涨。汽车、机票和食品的价格也在定期上涨。我们对此已经习以为常，我们就生活在这样的环境之中。但是由于某些原因，中小企业害怕提高自己的价格。

在此澄清一下：我可不是要求你一次性将你的价格大幅提升 5%或 10%哦。这可不行，你会因此失去许多生意。我说的是通过逐年的小幅增长实现5%或10%的增长，缓慢、微小却又持续。

通常，客户在遇见我之前一直因为涨价的问题而苦恼。

我们会仔细讨论这件事。

随后我会问他们的客户，如果我的客户提价，他们会怎么做。

我将通话录音播放给我的客户听，他们可以从我这里获得更多的鼓励与激励。

然后，他们小心、谨慎、畏缩、不安地将价格提高0.5%到1%。

你知道接下来发生什么了吗?（到目前为止，无一例外……）

什么都没有发生。

客户甚至没有意识到价格的变动。

99%的客户什么也没说，1%的人开始抱怨。即使没有涨价，那1%的人也会因为任何事情抱怨不休。你觉得这些不停抱怨的人会离开吗？几乎不会。

他们会抱怨几句，然后继续他们的生活。

客户继续将新的利润收入囊中。

涨价是件极好的事情，因为它带来的是纯利润。

涨价不会增加成本。

既然别人已经预料到你会这样做，为什么还要舍弃这样做的机会呢?

提高价格。

享有利润。

你理应享受这些。

本章小结

- 微小、稳定的价格上涨令你而非你的客户感到别扭。
- 以 0.5%～1%的幅度逐年提高价格。
- 多数客户甚至意识不到价格的变动，极少数人会出声抱怨，但是绝大多数人依然会与你们开展业务。
- 价格的上涨可以直接在账本中体现出来。

39 第22招：网站编辑是最重要的一项工作

瞧瞧你的网站。

它介绍的是谁？是你，还是你的客户？

中小型私营企业的网站往往完全在介绍公司，而几乎找不到任何与其客户相关的信息。

让我们换个方式来问同样的问题：

公司网站关注的是产品与服务，还是能够带给客户的价值？

它描述的是你和你的产品，还是快乐、成功的客户？

为了实现收入增长，你可以对公司网站作出一些极为重要的小小改动：

将重点转移到客户身上。

讲述客户而不是产品和服务的故事。

我们在第4章中讨论了快速拓展业务所需的最关键的思维模式的转变：着重渲染你能够帮助客户的众多方式，而不是将注意力与重点放在销售的产品和服务上。

这也是你需要做的最重要的网站编辑工作：少关注你的能力

以及你的产品和服务，要多谈谈你的客户。

具体有三个步骤：

1. 逐渐为所有页面配上一份证明。既然每次请客户就与你合作的原因给予反馈时可以获得多份推荐信——如果使用了我在第 17 章所提出的模型，你现在应该已经拥有很多可以放在网站上的推荐信。多次使用这些推荐信也没有关系。不要担心需要马上为所有页面配上证明。一次只需复制、粘贴一些证明即可，每页一份。每天不超过 5 分钟，然后继续。与此同时，创建一个推荐信页面，列出所有推荐信。

2. 在网页上增添案例分析。现在你知道应该如何撰写案例分析了（参见第 20 章）。它们不应超过一页。以网页或 PDF 文件的形式将它们添加到网站的不同页面上。创建一个包含所有客户介绍的案例分析页面。

3. 关键的一点：对主页进行调整，使其以客户的成功故事为主。许多网站的主页上都设有滑块，滚动播放公司或产品介绍。我并不反对设置这些滑块，但要把重点放在客户身上。一张幻灯片用一张照片、一份证明以及客户所购产品的链接来介绍一位客户。没错，每个滑块都应该重点介绍每位客户购买的一件产品或者服务，同时附上产品链接。这样，谈论产品和服务的人就不是你，而是你的客户了。

不要等到你有两周空闲时间的时候再来完美地完成这个任务。不要将这件事从头到尾都丢给一家网页设计公司。我希望你们自己来进行更新，一次更新一处。如果你无法更新自己的网站，就通过电子邮件将一封证明书发送给公司的 IT 人员或网页设计师，说明你需要将它放在哪个特定的网页上。第二天或者下周，再发一封邮件；然后再发一封。减轻你肩上的压力，你有太多问题需要解决。这仅是其中之一。这是一件好事，小小的改进可以带来巨大的收入增长。

本章小结

■ 你能对网站做的最有效的改进就是将它的宣传重点放在满意的客户身上。

■ 在网站上放置推荐信与案例分析，重点突出客户对于你的认可以及由于你而取得的成功。

■ 力争在网站的每一页放上不同的推荐信，但是在较长一段时间内，每次放置一封。

■ 在主页上滚动发布满意的客户的信息，包括这个客户所购买的产品或服务的链接。当然，还要附上他们的推荐信。

40 按职位划分的增长技巧

我们已经回顾了所有 22 种收入增长技巧，现在按照职位来分解这些理想的行为。对于公司中最常见的面向客户的员工来说，这些都是最好的行动。

基本上，销售人员和客服人员应该参与一对一的活动，营销经理或者公司对多沟通的负责人应协调好发送给邮件列表中客户的沟通内容。

经理与主管应该每天花几分钟时间帮助下属执行这些行动。

企业主与高管

- 最好的办法是每天花 15 分钟帮助团队每天执行 15 分钟。
- 第二个最有效利用时间的方式是如第 24 章所述的那样给客户致电。
- 最后，随意挑选本部分详细介绍过的一对一沟通技巧。举例来说，企业主或高管打电话给客户请他们提供一封推荐信，会给人留下极其深刻的印象，对于客户来说这是一种奉承。

销售与客服经理

■ 帮助团队执行。

■ 让下属担起责任，下一章将详细讨论这一问题。

■ 与大家分享下属所取得的成就，从而创建一个强大的正能量流。

■ 从事任何你感兴趣的一对一活动。

外部销售人员

■ 收集客户感言。

■ 让客户了解客户感言。

■ 让客户了解案例分析。

■ 向客户提出“您知道吗”这类问题。

■ 请客户做推荐。

■ 与具有高增长潜力的客户沟通。

■ 寄送手写便条。

■ 跟进报价或提案。

■ 将你的联系人信息发送给营销经理或者公司内部负责维护清单的人。

内部销售人员和 / 或客服人员

■ 向客户提出“您知道吗”这类问题。

■ 跟进报价。

- 收集客户感言。
- 沟通案例分析。
- 请客户做推荐。
- 寄送手写便条。
- 跟进报价或提案。
- 将联系人信息发送给公司的客户名单管理员。

营销经理或公司对多负责人

- 维护和发展公司客户名单。
- 每两周发送一份业务通讯（先从头两项内容开始，当你习惯发送业务通讯之后再逐渐增加内容）。
- 对客户名单进行分类。
- 创建一份白皮书并且分发给众人。
- 在贸易展中加入客户感言与案例分析。
- 为客户举办一场令人难以置信的活动。
- 协助公司高管在现有客户与潜在客户面前发言。
- 为现有客户或潜在客户举办网络研讨会。
- 制作有效的收入增长视频。
- 与媒体建立良好的关系，对公司进行报道。
- 编辑网站，使其增加对客户的关注，减少对产品和服务细节的介绍。

第四部分

执行计划

41 行动胜过一切

现在，你拥有了22种可以帮助你增加收入的特定的沟通技巧。

今天你打算尝试哪一个？

明天呢？

不采取行动，什么也不会发生。

不采取行动，只能留下未实现的计划和梦想。

有逻辑和信息，但是没有结果。

总是担心、拖延、追求完美，无法获得心灵的平静、成就或随之而来的快乐。

坦率地说，没有行动，就只会浪费时间。

本书的目标是实现收入增长，从而帮助你改善生活，改善家人的生活，改善现有客户和潜在客户的生活。还记得我们在本书第二部分讨论过的那些值得从中获得额外价值的人吗？这些人——首先是你自己——都值得享有你的业务增长带来的益处。这就是它的意义所在。这项工作将改善你的生活，因为它将促进你的业务发展。在这个过程中，你将改善现有客户和潜在客户的生活和公司业绩。难道这不值得你每天花几分钟采取行动吗？

这项工作简单快速，对每个参与者来说都非常有价值。

这项工作是正当的。

但是你必须完成这项工作。

我们必须采取行动。

本书的最后一部分最短，它与行动有关。

本章小结

选择前面详细介绍过的 22 种技巧中的一种进行尝试。如果你喜欢这么做，并且认为它能够奏效，那就再做一次。如果不是这样，请尝试另一种技巧。

42 完美主义和拖延症会减少收入

追求完美和故意拖延——两者密不可分——会导致收入减少。

你的产品应该完美。

但是沟通不需要如此。

有关收入增长的沟通——你将采用的本书介绍的技巧——更多地取决于沟通的数量而非质量。

人们接收的信息越多，会购买的产品也就越多。这是一种直接的正相关关系。不可能有人提出相反的论点：人们接收的信息越少，会购买的产品越多。如果不与现有客户和潜在客户沟通，他们就看不到你，这也意味着他们会将你遗忘，你值得拥有的业务将落入竞争对手的手中。

因此，我们必须沟通，我们必须采取行动。正如我们在第二部分中所讨论的，人们通常认为这种直接面向现有客户和潜在客户的沟通风险很大，失败的风险很高。如果他们拒绝我怎么办？如果他们将我拒之门外怎么办？而且，我忙着回应客户的要求，我必须解决他们的问题，我没有时间做这件事。

我们选择拖延。

由于感觉被拒的风险很高，我们推迟沟通，以便能够努力完善它。

我们只有一次机会可以争取这个客户。不是这样的。他们之所以与你合作多年，甚至几十年，不是没有理由的。

我们最好能够确保不出丝毫差错，否则他们就会弃我们而去。竞争对手经常打电话给他们，但每次他们都决定继续与你合作。你觉得他们会因为你的高价值沟通率只有85%而不是100%而离开吗？（顺便说一下，只有你自己知道15%的客户流失了，现有客户或潜在客户永远不会知道。这意味着我们拖着不采取行动，想要完善沟通的最后一点理由根本站不住脚。除了你，没有人知道它并不完美。）

不采取行动更安全。所以我们推迟行动，我们为自己找到了等待的理由。如果不采取行动，我们就不会被拒绝，因此我们选择拖延。

请注意：本书详述的22种沟通技巧中的每一种都旨在帮助你的现有客户和潜在客户，同时还能为你创造额外收入。这些方法的目的不是更努力地进行推销或是增加你的销售额。它们是为了帮助你的现有客户和潜在客户，这意味着你很少（如果有的话）会遭到拒绝或失败。

最糟糕的事情其实是客户取消订阅你的业务通讯。

你没有什么理由觉得不舒服，因为你是在帮助别人。

唯一的失败就是不做这项工作。

唯一的失败就是不向那些愿意为此付钱的优秀人士传递你的价值。

如果不去沟通，如果推迟沟通，你就辜负了你的家人、同事、现有客户、潜在客户，最糟糕的是，辜负了你自己。那才是失败。

不要拖延这项工作，有太多人需要你的帮助。

不要通过开会来策划行动。采取行动。

不要为这种努力而烦恼。烦恼无法增长业务。

不要试图使它变得完美，没有必要这样做。它永远也不会完美。

行动起来。将你的价值传递给会购买它的人。

选择本书介绍的技巧进行尝试。

这就是开始。

明天再试另一种。

那就是重复。

现在，你正在依靠原则和意向来增加收入。

你正在开始创造你自己的收入增长习惯。

迈出第一步很重要。

现在是时候开始了。

本章小结

- 追求完美和故意拖延会导致收入减少。
- 就收入增长而言，数量胜过质量；人们接收的信息越多，会购买的产品也就越多。
- 没有错误的方法。没有失败。唯一的失败是不采取行动。
- 开始和重复是发展业务所需的简单规则。

43 每天15分钟足以大幅拓展业务

本书所列的22种收入增长技巧可以每天使用，每一种都只需要几分钟。其中一些技巧需要你撰写一封电子邮件，但大部分只要复制粘贴文本即可。就一天而言，只需花很短的时间，你的收入就能够增长。

那么，为什么要15分钟呢?

因为这很容易做到，15分钟过得很快，相对来说不会让人觉得痛苦。

你很难在15分钟时间里过度思考。你真的做不到，因为如果这样做了，你准备采取的行动所花的时间将远超你的想象。

15分钟过得非常快，即使你每天都能抽出15分钟时间。

因此，你很难逃避这15分钟。事实上，要躲过这15分钟会令人觉得非常尴尬。

我之所以定下15分钟，是因为我需要一个对于我的客户——那些非常忙碌的销售人员和客服人员——而言容易接受的时间框架。如果我创建了一个每天需要一小时的系统，我自己也知道人们不可能完成。我需要一些不可能争辩或拒绝的东西。

我选择每天 15 分钟的最大原因是：这足以养成一种新的习惯，也就是我们现在做的事情。

习惯是关键。

无须思考，自动就能完成，这才是重点。

每天采取一次行动，每天进行一次沟通，大胆执行，理所当然应该这样做。

就像你早上会喝咖啡，中午会吃午饭一样，你每天都会采取一种主动的沟通行动。

这将成为一种习惯。对你、你的同事和你的管理层而言都是如此。

聚沙成塔。

集腋成裘。

从沟通到收入。

养成收入增长的习惯！

本章小结

每天 15 分钟快速、简单、难以逃避，并且足以建立新的收入增长习惯。它也可以大大增加你的销售额。

44 15 分钟营销®计划表

这是你可以用来计划和执行营销的简单工具，见图 44-1。

姓名

日期范围：

15分钟营销®计划表

本周三项收入增长优先事项

1. ______________________

2. ______________________

3. ______________________

15分钟行动	成果/结果 成功了吗？ 完成了吗？
周一 时间：	
周二 时间：	
周三 时间：	
周四 时间：	
周五 时间：	
营销行动备注：	
谁会向你追责 核查日期/时间：	大胆的价值声明； 例：我帮助客户实现了它们的梦想

增长行动列表

从列表中选择一项创建属于你的行动表

5～10分钟客户电话
获得客户感言
亮出客户感言
撰写案例
亮出案例分析
"您知道吗"系列问题
获得推荐
跟进问题
手写便条
构建你自己的列表

所有过去及现在的客户

所有过去及现在的潜在客户

对列表进行分类
发送业务通讯
组织、推广网络研讨会
预定演讲
潜在客户活动
撰写、分发白皮书
策划、拍摄视频
将视频发送给买家
媒体报道
WOW行动
更新网页
将网页发送给客户
涨价

图 44-1　15 分钟收入增长计划表

15 分钟收入增长计划表

让我们来看看计划表中的各个部分。

本周日期

写下今天所处的日期范围。

点菜式沟通菜单

右侧的列表包括本书所讨论的所有沟通行动。我在此处将它们罗列出来以供参考。你只需选择一项，将其放入左侧某一天之中。

前三项收入增长优先事项

现在，写下本周需要优先处理的收入增长事项。把它当作开放式规划空间，规划下周的工作重点。也许你想收集客户感言。或许你想集中跟进三个主要报价单。你可以写“把现有客户和潜在客户的初始名单放在一起”。也许你想在本周练习在客户面前表现得更加大胆自信。在这里，什么都可以写。

15 分钟行动

现在，从周一至周五，查看右侧的列表，每天写下一项活动。周一可能是获得客户感言，周二是沟通这些感言。周三可以询问“您知道吗”系列问题，周四可以跟进一份报价单。周五，你可以寄送一份手写便条。

你可能想要在一周中的每一天都询问“您知道吗”系列问题，这完全合理。

如果仔细阅读了本书所列的 22 种技巧，最能让你产生共鸣的技巧是请客户推荐和交流案例分析，那么只关注这两种技巧。

或者，你可以写下你想要在一天中采取此项行动的时间。但是，如果你打算将其作为现有电话沟通的一部分，那就不要设置特定时间，实际上你每天可能会进行多项沟通操作。没什么问题。

成果 / 结果（成功了吗？完成了吗？）

这是计划表中最新的一栏。你和你的团队可以跟踪自己的成果。拿到客户感言了吗？你问了“您知道吗”这个问题之后发生了什么？跟进报价之后，交易成功了吗？

在这里跟踪你的结果。

它将激励你。

它会促使你采取进一步的行动。

而且它会提醒你，当你与人沟通时，他们不会觉得自己受到了冒犯或感到无趣。

相反，他们通常会因为自己被选中而感到高兴和荣幸。

营销行动备注

这是记录备注和其他项目的地方。如果你想记录与上一个行动相关的对话备注，请将其放在此处。除了帮助你记住行动准备或实施的具体细节之外，它没有特定的目的。

问责制

如果你在公司范围内开展此项计划，那么你的经理、高管和/或所有人会向你追责。

在这里写下具体的名字。

如果你独自完成这项计划，那就与别人谈谈你的计划，并要求那个人向你追责。我一个人单打独斗，手下没有员工，所以我的妻子经常成为这个人选。你需要有人核查你的工作，向你提问，你要与他分享结果。在这里写下这个人的名字。

大胆的价值声明

这句话或声明可以帮助你完成这项工作。它可以是这样的：

“我的客户值得与我开展更多的业务。”

“我应该为我的家人做这项工作。”

“我的公司在这方面是全世界最优秀的。”

我最喜欢的一句话是最近我的一位客户写的：“我的客户无法理解看透我的心！”

无论采取何种行动，都可以在这里写下来。每周可以相同，也可以不同。

但是我希望每周你都能将它写下来，这意味着你每周都会想到它。我希望你每天都能看到它。如果你一开始认为自己太忙或者会考虑失败或被拒绝，我希望你读一读这个有力的声明，它绝对是事实，利用它让自己行动起来！

每天一项行动

确保每天写下一项快速行动，而不是三到五项。

你的目标是每天进行一项新的沟通。

如果“您知道吗”系列问题带来了良好的结果，你决定每天多次打电话询问这个问题，这就属于过度执行、计划不足，这正是你做的。相反，如果你写的是周一完成五个“您知道吗”问题，但是只完成了三个，你可能会感到失望。但事实上，那天你完成了大量有利于收入增长的工作，绝对没有失败，只会成功。不要过度计划、执行不足，反其道而行之。这对你来说更好！

要具体

如果你打算获得客户感言，写清楚那个人的名字。

请客户推荐的时候也是一样。

跟进报价单的时候也是如此。哪份报价单？

写下来。

等到采取行动的时候，需要思考的事情越少，你能够完成的行动就越多。

计时和跟踪

应该在周一早上填写计划表，拖到周三就太晚了。

周末的时候可以检查你的结果和成果。将它们添加到不断取得成功的列表中，包括行动日期、行动本身及其结果或成果。例如，跟踪你获得的客户感言（将其粘贴到你保留的客户名单或电子表格中）、“您知道吗”系列问题和回复、报价跟进情况以及由此带来的业务和获得的推荐。成功日志有助于激励你做出计划并采取新的行动。此外，看到启动这个项目以来你取得的成果是一件有趣的事情。

本章小结

- 利用这份每周计划表来安排你每天的行动。花 10 分钟做好一周的计划，这样你就可以准确地知道当天需要进行什么沟通。
- 一天只安排一项活动，如果超额完成任务，你可以庆祝一下；不要因为自己只完成了三项行动而不是计划中的五项行动而觉得自己失败。
- 跟踪成功的成果并以此激励自己。

45 我的最成功客户有何过人之处

有些客户在与我合作之后的第一年业务就增长了30%～40%，有些客户的业务则增长了5%～10%。

如果你不与客户交谈，改变内在的思维模式，收集客户感言，每天与现有客户和潜在客户沟通，然后查看业务合同，根本不会出现这种增长。即使你不采取任何行动，只要能够实现将注意力从产品和服务转移到你的巨大价值这一重要的思维模式的转变，你的业务也会增长。因为你会变得更大胆、更自信，你会采取更多行动。你会执行更多行动。你会告诉更多的人，如果他们从你这里购买更多的东西，将得到怎样的改善。所以，几年前，我意识到，我需要弄清楚增长最多的客户与最少的客户之间存在怎样的区别。

为什么有些公司一年可以增长40%，有些公司只能增长5%或10%?

当我观察了每家公司之后，答案就变得非常清晰。

最成功的公司、发展最快的公司对它们的员工最为负责。

两组公司之间的最大差异如下：

快速增长的公司的企业主和管理人员告诉员工，希望他们每天采取一次沟通行动，然后跟进，确保他们真正去做了。

尽管每天只需要花几分钟的时间，但是增长缓慢的公司的企业主或经理不愿意让员工去完成新的工作。

快速增长的公司要求员工在全公司分享他们的成功。每当有人拿到客户感言、通过成功的报价跟进得到新订单时，他会与整个公司分享。这就创造了一个成功的循环，每个人都希望得到认可。人们渴望成为可以与别人分享胜利、得到老板感谢和称赞的人。

快速增长的公司请中层管理人员对其同事负责。

增长缓慢的公司忙着帮客户解决燃眉之急，花费大量时间来应对客户的问题和困难。

快速增长的公司甚至采用了计分卡等工具来追踪谁做了什么，根据沟通活动对员工进行排名并每周公布。

问责制的细节

企业主或行政管理人员需要采取五种关键的问责制技巧来有效地执行这项计划：

1. 要求每位经理、销售人员和客服人员在每周一早上填写 15 分钟营销计划表。

2. 跟踪结果。列出员工名单，在周一提交计划的员工的名字旁边做上标记。如果有人没有提交计划表，问问他们的计划表在哪里。“你答应过会完成计划表，它在哪儿？”这是让员工负责的关键问题。

3. 周末之前要求员工提交本周沟通行动的结果。让员工给你发送一封简短的电子邮件，说明他们的行动的结果。邮件应该转交给他们的问责制小组（直接主管和负责管理该项目的高管）。他们的行为产生了怎样的结果？他们得到客户感言或是推荐了吗？他们在请客户推荐时发生了什么？跟进报价时，是否成功拿到了订单？

4. 总结结果，分享成功。与团队沟通，表示你正在关注该项目，而且知道谁正在做这项工作，谁没有做。你的总结以电子邮件形式发送给收入增长计划的所有参与者。赞扬成功的实践者，分享他们取得结果的例子。此外，点名所有未履行承诺的人。通过这种方式表明这种行为不可接受。

5. 快速了解员工的进展。与员工快速交谈，了解事情的进展。问一问是否需要你提供帮助、提供窍门。给予员工支持、激励、鼓励、帮助，保持乐观。

本章小结

- 问责制可以将增长最快的公司与增长最慢的公司区分开来。
- 公司内部负责该项目的高管必须让手下的员工负起责任。
- 坚持要求员工分别在周一和周五提交计划表和总结。
- 总结他们的成果，大声说出完成工作的人的名字，以及未给你发邮件的人的名字。
- 一对一地访问团队成员，提供帮助和支持。

46 开始行动吧

现在你知道了。

你拥有你需要的东西。

你知道从客户那里收集强大且积极的反馈意见的价值。

你知道思维模式才是最强大的销售或营销手段。

你知道，影响业务发展的关键是计划不足和过度执行。

故意拖延和追求完美会减少收入。

因此，我们必须在计划足够好而不是完美时采取行动。

我们会沟通，然后评估我们喜欢的内容和有效的内容。

如果不喜欢，我们就会停止并且更换。

如果不起作用，我们也会停止。

然后我们会将其换成另一项行动，因为我们知道实施的内容并不重要。

我们理解，唯一重要的是每天都有更多的人知道他们可以从我们这里购买什么，以及他们因此可以获得的改善。

毕竟，这是我们所做的一切。

在这样的沟通中，就像在我们的工作中一样，我们只是在帮助人们。

我们应该向客户提供更多帮助，并享受因此获得的财富。

我们应该为我们的家庭、同事、我们的前途，以及最重要的——我们自己完成这项工作。

我们将始终如一地系统传递我们的价值，我们的业务会不断发展。

准备好了吗?

开火！！！！

然后瞄准和调整。

再次开火。

继续射击。

始终继续射击。

附录　收入增长习惯养成手册

本附录旨在助你踏上养成收入增长习惯的道路。

一一审视下列问题，尽量作出回答。不要在某个问题上纠结过久。发展与进步才是我们的最终目标。请快速回答，然后继续往下。

你可以将答案写在横线上，也可以另外附纸说明。

首先，请列出贵公司的三位最优质客户，包括他们的姓名、职务与所属公司。

____

____

____

____

这些人是你应该采访并收集其评价的人。在每个人的旁边记下你打算请他们谈一谈“对于我们所提供的服务的反馈”的日期和时间，你可以为此特地致电他们，或是在原本计划的访谈中增加这部分内容。

____

对于每一位客户，再列出三人——理想情况下最好是潜在客户或是你想要将其业务进行拓展的客户——将现有客户的评价转述给他们。因此，在之前列出的优质客户的名单旁边，再列出三个不同的人名。

现在，再列出三位客户的名字。他们今天从你这里购买了什么？在他们的姓名旁边记录下其所购买的产品或服务。简要描述，适当的时候可以进行总结。

对于这三个人，列出三个“您知道吗”问题，包括你将作为选项提供给他们的具体的产品或服务。

接着，列出三位你正在积极接洽的优质客户的名字，你可以请他们向别人推荐你。表明你准备请他们做的事。是请他们推介给其客户还是供应商？你会请他们推介给其公司内部的其他部门吗？还是说你会列出具体的公司名称，你知道他们与这些公司有业务往来？内容要具体，记录要迅速。不要停滞不前！我们追求的是速度。

列出三位你打算寄送手写便条的客户的名字。可以是前面已经出现过的人。

列出三位目前虽不是你最大的客户，但有潜力与能力晋升为最大客户的人的名字。将他们的名字列在这里。

在他们的名字旁边，写下你准备与他们进行沟通的能够帮助他们提升销售额的内容。可以是某份客户评价、一个“您知道吗”问题或是前面章节中所涉及的任何内容。

你打算将哪一位客户写进第一则案例分析？届时，你是否会按照第 20 章介绍的格式来撰写？

The Revenue Growth Habit: The Simple Art of Growing Your Business by 15% in 15 Minutes A Day by Alex Goldfayn

ISBN: 9781119084068